근로자지원프로그램(EAP)의 도입과 적용

이영섭·이도경 지음

wisdom Lab

머 리 말

　근로자 지원 프로그램(Employee Assistance Programs; EAP)은 기업의 생산성에 영향을 미치는 근로자의 제반 문제를 해결하는 것을 목적으로 개발된 사업장 기반 프로그램이다. 직무조직, 근로자의 건강, 부부 및 가정생활, 법률 및 재정, 알코올 및 약물 남용, 정서, 직무 스트레스 등 제반 문제의 해결에 도움이 된다. 즉, 근로자 지원 프로그램이란 근로자의 근로 의욕 고취를 목적으로 정신 건강 관리에 초점을 맞추어 진행하는 전문 상담 서비스와 관련 프로그램을 제공하는 것을 의미한다.

　오래전부터 서구 기업에서는 사원 대상 복지사업의 일환으로 근로자가 겪을 수 있는 각종 스트레스, 약물중독, 실직, 가족 문제 등을 예방관리, 조기 대응, 본격 치료, 사후 관리하며 효과를 입증했다. 이러한 서구 근로자 지원 프로그램의 발전에는 근로자가 당면한 문제의 심각성과 재활 필요성이 확산하고, 여성의 사회진출 본격화로 인한 육아 및 노부모 부양 등의 문제가 사회문제로 드러난 영향이 크다. 결국, 근로자 개인이 해결할 수 없는 문제를 기업이 지원함으로써 프로그램이 자리 잡게 된 것이다. 이러한 배경에서 근로자 지원 프로그램을 시행한 기업에서는 생산성이 향상되었을 뿐만 아니라 산업재해 발생률도 감소하는 효과를 보였다.

　우리나라에 근로자 지원 프로그램이 도입된 것은 1990년경으로, 국내 일부 대기업에 사내상담실 형태로 시작되었다. 이후 1997년 IMF 외환위기 이후 급격한 경제적 변화가 일어나면서 본격적으로 확산하였다. 최근에는 직원들의 정신 건강 증진과 생산성 향상을 목적으로 대기업뿐 아니라 공기업, 중소기업 등에도 도입되면서 본격 성장이 이루어지고 있다. 근로자 지원 프로그램을 도입함으로써 임직원의 직무 스트레스 감소와 결근율 하락, 회사 만족도 및 생산성 향상이 이루어지는 기업 성공 사례가 나타나면서 이 프로그램은 기업복지의 대안으로 주목받고 있다.

　우리나라는 2020년 기준 세계 행복지수 61위, OECD 국가 중 자살률 1위로 '자살 공화국'이라는 오명을 쓰고 있다. 특히 자살은 10대에서 30대에 이르기까지 사망원인 1위에 올라 있으며, 40대와 50대에서는 사망원인 2위로 집계되는 등 전 연령층으로 확대되는 상황이다. 자살의 원인으로는 정신적 우울에서 비롯된 자살의 비중이 가장 높았으며, 직장인 10명 중 8명 정도가 직무 스트레스로 인한 우울증에 시달리고 있다고 한다. 이는 직장인들이 사회 구조 급변에 따른 이직과 실직, 맞벌이와 보육, 직무 스트레스 등 새롭고 다양한 문제에 직면하고 있다는 증거이기도 하다. 이런 문제들은 개인에게 심각한 고충을 야기하여 우울증과 같은 정신 건강 문제의 원인이 되며 약물 남용과 음주, 극단적으로는 자살로까지 이어지고 있다.

하지만 근로자 지원 프로그램 도입 이후 20년이 지났음에도 관련 분야 종사자 외에는 용어 자체가 낯선 경우가 많고 프로그램이 널리 알려지지 못한 상황이다. 직원 복지에 선도적인 일부 중소기업에서 근로자 지원 프로그램을 도입해 좋은 반응을 얻고는 있지만, 여전히 대기업과 공기업 위주로 프로그램이 운영되고 있기 때문이다. 중소기업 근로자들이 각종 스트레스에 노출된 경우가 많음에도 불구하고 자원 등 현실적 한계로 인해 근로자 지원 프로그램의 전면 도입은 아직 요원한 실정이다.

근로자는 대한민국 산업의 역군으로 국가 경제를 견인하고 있을 뿐 아니라 한 사람의 국민으로 대한민국을 지탱하는 존재이다. 우리 사회의 발전을 위해서는 이들을 돌아보고 위로하며 힘을 실어줘야 하기에 근로자 지원 프로그램의 도입은 절실하다고 할 수 있다.

이 책은 우리나라에 근로자 지원 프로그램의 보급을 확산하고 올바른 근로자 지원 프로그램을 현장에서 적용해 효과를 높이려는 목적으로 집필되었다. 이 책으로 인해 우리나라 산업 전반에 근로자 지원 프로그램이 안정적으로 정착할 수 있기를 희망한다.

지은이 일동

차 례

제1장
EAP란 무엇인가?

01 ┃ 근로자지원프로그램(EAP)의 정의

근로자 지원 프로그램(Employee Assistance Programs; EAP)은 제공 업체에 따라 다양하게 해석, 진행되기에 통일된 정의를 내리기가 쉽지 않다. 그동안 제시된 EAP의 정의는 다음과 같다.

상담학 사전은 '기업 생산성에 영향을 미칠 수 있는 근로자의 제반 문제를 해결하기 위해 개발된 사업장 기반 프로그램으로써 생산성에 영향을 미칠 수 있는 직무조직 문제, 직무 스트레스, 근로자의 건강 및 정서적 문제, 부부 및 가족생활 문제, 알코올 및 약물 남용, 법률 및 경제적 문제 등의 해결에 도움을 주는 프로그램'이라고 EAP를 정의하고 있다.

두산동아백과는 '기업 생산성에 영향을 미칠 가능성이 있는 요인에 관해 상담이나 컨설팅, 코칭, 서비스 연계 등의 기술을 활용해 근본적 해결 방안을 종합적으로 지원하는 기업 복리후생 제도'라고 정의하였다.

세계EAP협회(Employee Assistance Professionals Association, EAPA)에서는 '생산성 문제가 제기되는 직무조직을 돕고 직무 스트레스, 건강 및 정서적 문제, 부부 및 가족생활 문제, 알코올 및 약물 남용, 법률 및 경제적 문제 등 업무 성과 전반에 영향을 미칠 수 있는 근로자의 문제를 해결하기 위해 개발한 사업장 기반 프로그램'이라고 규정한다.

또한, 미국 연방정부에서는 '생산성 향상을 위해 근로자와 가족이 일상에서 겪을 수 있는 다양한 문제를 해결하려는 목적으로 기업이 제공하는 복지서비스'라고 정의하고 있다. 즉, 근로자의 노동을 전제로 기업이 자발적으로 제공하는 서비스인데, 근로자 개인 신상의 비밀유지를 보장한다는 조건하에 무료 단기상담, 사후관리 등이 이루어지는 서비스인 것이다.

전 미국 보스턴 칼리지의 교수인 브래들리 구긴스(Bradley Googins; 1987)는 문제가 있는 직원을 감독자가 식별하고 직무 수행에 영향을 주었거나 줄 가능성이 있는 문제에 회사가 합당하게 개입하는 프로그램으로 보았다.

사회복지학 교수였던 미국의 마릴린 플린(Marilyn L. Flynn; 1996)은 직무 스트레스나 알코올 중독, 실직 위험 등 여러 문제를 스스로 해결하지 못하는 근로자를 신속히 파악하기 위해 회사가 도입한 정책과 과정이라고 EAP를 정의하였다.

이처럼 EAP에 관한 다양한 개념적 정의가 있었으나, 큰 틀에서 보면 직장에서 어려움을 겪는 근로자를 돕기 위해 제공하는 다양한 서비스나 프로그램, 정책 등이라고 정리할 수 있다. 즉, 근로자의 직무 수행에 영향을 주는 조직, 스트레스, 건강, 정서, 가족, 약물, 법률, 재정 등의 문제를 진단하여 파악하고 이를 예방, 치료, 해결하기 위해 조직 내외부의 자원을 활용해 심리상담과 프로그램을 제공하는 서비스인 것이다.

EAP를 정의한다면 '기업의 성장과 생산성 향상을 위해 근로자의 문제와 해결방안을 찾아 상담, 코칭, 컨설팅 등의 과정을 거침으로써 건강하고 행복한 직장생활을 영위하도록 하는 복지 프로그램'이라고 할 수 있다.

<표 1-1> EAP의 정의

단계	내용
상담학 사전	기업 생산성에 영향을 미칠 수 있는 근로자의 제반 문제 해결을 위해 개발된 사업장 기반 프로그램으로서 생산성에 영향을 미칠 수 있는 직무조직의 문제, 직무 스트레스, 근로자의 건강 및 정서적 문제, 부부 및 가족생활 문제, 알코올 및 약물남용, 법률 및 재정 문제 등의 해결에 도움을 주는 프로그램
두산동아백과	기업 생산성에 영향을 미칠 수 있는 요인에 대하여 상담이나 컨설팅, 코칭, 서비스 연계 등의 기술을 활용하여 근본적 해결 방안을 종합적으로 지원하는 기업복리 후생 제도
세계EAP협회	생산성 문제가 제기되는 직무조직을 돕고, 직무 스트레스, 근로자의 건강 및 정서적 문제, 부부 및 가족생활 문제, 알코올 및 약물남용, 법률 및 재정 문제 등 업무성과 전반에 영향을 미칠 수 있는 근로자의 문제를 해결하기 위해 개발된 사업장 기반의 프로그램
미국 연방 정부기관	생산성 향상을 위해 기업이 근로자와 그 가족이 일상생활에서 겪을 수 있는 다양한 문제를 해결하기 위해 제공하는 복지서비스, 즉, 근로자의 근로를 전제로 기업이 자발적으로 제공하는 서비스로서, 근로자 개인의 신상에 대한 비밀 유지를 바탕으로 근로자를 위한 무료 단기상담과 사후관리 등의 서비스

브래들리 구긴스(1987)	감독자는 문제가 있는 직원을 식별하고, 근로자의 직무에 영향을 주거나 줄 수 있는 문제에 회사가 합당하게 개입하는 프로그램
마릴린 플린(1996)	직무 스트레스나 알콜 중독, 실직위험, 그 밖의 여러 가지 문제를 제대로 해결하지 못하고 있는 근로자를 신속히 파악하기 위해 회사가 도입한 정책과 과정
종합 정의	기업의 성장과 생산성 향상을 위해 개인이 가지고 있는 문제의 해결방안을 찾아 상담, 코칭, 컨설팅을 통해 건강하고 행복한 직장생활을 영위할 수 있도록 하는 근로자를 위한 복지 프로그램

02 | EAP의 출현

제2차 세계대전 당시 전쟁에 필요한 군수물자를 생산하던 미국의 근로자들은 엄격하게 통제된 규율 내에서 생산성을 높여야 했다. 이러한 장시간 근로와 통제된 환경은 근로자들에게 심각한 스트레스를 유발했고, 산업재해가 빈번해지는 결과를 초래했다. 결국, 사업장의 안전과 근로자의 재해 방지를 목적으로 근로 스트레스 완화를 위한 조직적인 개입 프로그램을 요구하는 목소리가 높아졌고, 이는 EAP의 공론화로 이어졌다.

1970년대에 접어든 뒤 미국은 「알코올 남용 및 알코올 중독 예방·치료·재활 종합법」을 제정하고 '국립 알코올 남용·중독 연구소'를 설립했다. 또한, 모든 연방 기관과 군(軍)은 직장 알코올 중독 프로그램(OAP)을 필수적으로 시행하기에 이르렀다. 이후 '알코올 중독에 대한 노동 및 경영 컨설턴트 협회(Association of Labor and Management Consultants on Alcoholism; ALMACA)'가 설립되면서 직장 알코올 중독 프로그램이 체계화되었고 보급 역시 확대되었다.

1970년대 말에는 직장 내의 문제가 알코올 중독뿐 아니라 근로자의 정신 건강, 가족, 재정 문제 등에서 야기되기도 한다는 것이 발견되었고, 생산성을 저해하는 여러 문제에 관심을 두게 되었다. 그리고 드러난 문제를 치료하는 것도 중요하지만 예방 및 조기 치료가 효과적이라는 것이 증명되면서 직장 알코올 중독 프로그램 대신 EAP라는 새로운 용어가 등장했고, 이를 적극적으로 홍보하기 시작하면서 EAP가 미국 내 기업에 정착되기 시작했다.

유타주 솔트레이크시티의 사회복지사인 오토 존스(Otto Jones)는 1975sus 최초의 EAP 공급업체인 휴먼 어페어스(Human Affairs)를 설립했다. 이후 1990년대 중반에는 EAP 전문회사인 마젤란이 설립되었다. ALMACA는 '근로자지원전문가협회(Employee Assistance Professional Association: EAPA)'로 명칭을 변경했고,

1987년부터 본격적으로 EAP 사업을 추진하였다. 근로자지원전문가협회는 근로자 지원 전문가를 양성하고 인증을 주관하는 업무를 수행하고 있다.

세계보건기구(WHO)는 2009년 '근로자와 관리자가 협력하여 모든 근로자의 건강, 안전, 복지를 지속해서 개선하고 이를 통해 비즈니스 생산성을 유지하는 회사'라고 '건강한 직장'을 정의하였다. 이에 우리나라의 중앙인사위원회에 해당하는 미국인사 관리부(U.S. Office of Personal Management)는 '건강한 직장 2010(Healthy Workplace 2010)' 프로그램을 자체 개발하여 모든 관공서가 의무적으로 EAP를 실 시하도록 하고 있다.

또한, 1946년 제정된 공중보건서비스법(Public Health Service Act)을 기초로 미 국보건복지부 산하에 연방직업보건기관(Federal Occupational Health; FOH)을 설 립해 EAP 서비스를 제공하도록 하였다. 심리상담, EAP, 웰니스, 보건복지, 환경관 리 등을 시행하는 연방직업보건기관은 미국 최대의 EAP 전문조직으로 성장하였으 며, 매년 60만여 명의 공무원이 이들의 서비스를 이용하고 있다.

미국 포춘(Fortune)에서 선정한 500대 기업 중 95%와 근로자 100인 이상 기업 중 80%가 EAP를 도입하였다. 이로써 미국 내 기업의 62%가 EAP를 시행하고 있 으며 시행 계획이 있는 기업은 33%에 달한다.

현재 미국 내 기업의 근로자와 가족 구성원 등 5,881만여 명이 EAP 서비스를 받 고 있으며, 이는 미국 전체 경제활동 인구의 30%를 차지하는 규모다. 이처럼 EAP 서비스를 도입하는 회사가 폭발적으로 증가하자 EAP 서비스 전문기업도 약 12,000 개 이상 생겨났으며, EAP 시장은 전 세계적으로 확산하여 많은 기업들이 도입하고 있다.

03 | 기업상담의 등장

우리나라의 기업상담은 '산업상담'이라는 이름으로 시작되었다. 본래 산업상담은 산업현장에서 도움이 필요한 내담자를 상담자가 개별적으로 만나 내담자의 인격 성장과 자아실현을 향한 행동 변화를 유도해 문제해결에 도움을 주는 의도였다. 하지만 초창기에는 근로자보다는 관리자나 감독자의 요청으로 상담이 이루어졌고, 그로 인해 인사관리, 생산관리, 마케팅, 재무관리, 인간관계, 노사관계 등에 관한 정보를 제공하는 정도에 그쳤다.

'산업상담'이 원래 의미대로 사용된 것은 1990년대 이후로, 단순 정보 제공에 그치지 않고 근로자의 심리상담 등이 이루어지기 시작했다. 또한, 교육과 상담 분야에서도 '산업상담' 관련 연구가 진행되었다.

1995년부터는 '기업 내 심리상담', 2000년대부터는 '기업상담'이라는 용어가 주로 사용되고 있다. 즉, 기업상담은 산업상담, 산업 심리상담, 기업 내 심리상담 등 다양하게 명명되었으며, 외국에서는 인사상담(Employee Counseling), 직장상담(Workplace Counseling) 등의 용어가 쓰인다.

산업상담이란 개인, 집단 상담을 통해 근로자가 겪는 직무 스트레스, 대인관계 문제, 정서적 갈등 등 직장 내에서 발생할 수 있는 여러 문제를 해결하는 것이다. 즉, 조직 내 원만한 인간관계와 개인의 자아개발을 유도하여 조직 활성화와 노사협조체제를 구축하며 기업 생산성 증진을 도모하는 모든 상담 활동을 의미한다.

현재는 근로자의 심리상담뿐 아니라 개인적 정서, 심리, 법률, 교육, 은퇴, 재정 등 근로자가 겪는 다양한 문제를 해결하기 위해 상담 범위가 확대되는 추세이며, 각 분야의 전문가가 개입하고 있다.

04 ㅣ 한국의 EAP 역사

우리나라 EAP의 시작은 1990년대로, 정신 건강을 향한 임직원의 관심이 높아진 기업이 사내상담실을 설치한 것이 발단이었다. 산업상담을 시작한 기업으로는 포항제철(POSCO), 삼성전자, LG전자, SK 등이 있다.

포항제철은 서울, 광양에 사내상담실을 비롯한 대규모 복지문화센터를 도입했다. 삼성전자는 서울, 수원, 구미 등 총 9곳에 열린 상담센터를 설치했으며, LG전자는 MC연구소, LG 춘, R&D 캠퍼스 등 총 3곳에 사내상담실을 열었다. SK는 직원 상담 프로그램을 운영하기 시작했다.

EAP에 관심이 높아진 이유로는 1997년 IMF의 충격을 들 수 있다. 기업의 부도가 증가하고 구조조정이 진행됨에 따라 고용불안이 심화했고 근로자의 스트레스가 심화한 것이다. 그로 인해 근로자의 직무 스트레스, 시간 관리, 정신 및 육체적 건강, 음주 및 흡연 등 문제가 급증했고, 이런 문제를 기업 차원에서 대응하기 위한 EAP 도입의 필요성이 제기되었다.

국내에 처음으로 EAP가 도입된 것은 1999년으로, 듀폰코리아가 시작이었다. 이후 구글코리아, 한국IBM 등 외국계 기업 중심으로 확산하다가 GS칼텍스, KTF, 유한킴벌리, 현대하이스코, 능률교육, 한국수자원공사, 한국화학연구원, 한국과학문화재단 등 국내 기업도 EAP를 도입하였다. 2009년에는 100여 개 업체에서 EAP를 도입해 10만여 명이 이용하고 있으며, 유사 EAP 서비스를 포함하면 총 650여 개 업체에서 EAP를 활용하고 있다.

우리나라에서 EAP라는 용어를 사용한 것은 2007년 고용노동부의 근로자지원프로그램(EAP) 공모가 시작이었다. 사업기관 선정을 하는 과정에서 EAP가 알려지기 시작한 것이다. 이후 고용노동부는 서울, 안산, 인천을 비롯한 전국 주요 산업관리공단 11곳에 센터를 개소해 '근로자 심리상담 지원프로그램'을 사회적 일자리 사업의 하나로 도입, 시행하였다. 서울시는 직원 대상 스트레스 관리 프로그램, 직원 자녀 대상 정서 관리 프로그램을 운영하였다. 보건복지부는 지역사회서비스 혁신 사업 차원에서

부산, 대구, 광주의 제조업 종사자를 대상으로 하는 근로자 지원프로그램을 채택해 근로자들의 근로 의욕 향상과 가족 문제 예방을 도모했다.

2010년에는 산업안전보건법과 노동복지기본법 개정을 통해 근로자 지원을 구체적으로 명문화했다. 하지만 외국 법률에 비교하면 의무나 강제성이 약했기에 참여 업체는 적은 실정이었다. 하지만 베이비부머 세대의 본격적인 퇴직이 진행됨에 따라 2015년부터는 노동의 초과수요 현상이 나타났고, 그로 인해 EAP 도입 기업이 급속히 증가했다.

2004년 이후부터는 EAP를 원하는 기업이 늘어났고, EAP 서비스를 제공하는 전문업체들이 출현하기 시작했다. 현재는 Insight EAP, 나우코칭, 휴먼다이나믹, 다인 C&M, SL컨설팅, Cppa HR, 리더스인싸이트 등의 EAP 전문 업체가 존재한다. 협회로는 한국여행치료협회, 한국EAP협회, 한국산업카운슬러협회 등이 대기업과 공기업, 외국계 기업을 중심으로 EAP 서비스를 제공하고 있다. 그밖에도 60개사 내외의 상담센터 및 소규모 EAP 전문기관이 일부 중소기업에 EAP 서비스를 제공하고 있다.

05 | 외국의 EAP 도입 사례

가. 일본

1990년대 일본에서는 직무 스트레스로 인한 근로자의 뇌심혈관계 질환이 산업재해의 주요 문제로 등장하였다. 그로 인한 과로사가 사회적 문제로 대두됨에 따라 기업들은 EAP를 도입하기 시작했다. 이후에는 노동자들이 초과근무 문화에 반발하면서 스트레스 관련 민사소송이 증가하였고, 이를 해결하려는 기업에서 본격적으로 EAP를 활용하였다.

2000년 7월 EAP 협회가 발족하였으며, 같은 해 8월에는 후생노동성이 「사업장에서 마음의 건강 만들기」지침을 마련하면서 EAP 전문기관도 200개로 급증했다. 이와 더불어 일본 정부는 고용주가 각 사업장에 정신 건강 증진 계획을 마련하라는 근로자 건강증진을 위한 기업주의 의무를 규정하였다. 이처럼 일본 EAP의 발전은 정부의 강한 의지가 밑바탕이 되었다.

나. 홍콩

홍콩은 1980년대에 근로자의 직무 스트레스 해결방안을 찾던 중 철도공사 직원의 자살 사건이 빈번해지자 EAP에 관심을 보였다. 1990년대 중반에는 아시아권 국가들이 처한 경제위기에 효과적으로 대응하지 못한 은행이 갑작스럽게 구조조정을 단행함에 따라 근로자들의 불안과 스트레스가 심화했다. 그 결과 근로자의 외상 후 스트레스 장애(PTSD)와 같은 문제가 불거졌고, 자신을 해고한 은행을 방화하는 등 문제가 심각해짐에 따라 홍콩 정부와 기업들은 EAP를 본격적으로 도입하였다.

현재는 홍콩의 근로자 중 40%가 EAP 서비스를 받을 정도로 일반화되었지만, 소규모 회사가 많은 홍콩 산업구조 특성상 EAP 시장의 성장은 어려움을 겪고 있다.

다. 영국

영국은 1980년대 초반 직원 복지 차원에서 공공부문과 기업의 EAP 도입이 시작되었다. 1990년대 초 경제위기로 어려움을 겪은 영국은 다양한 근로자 문제에 대처하기 위한 서비스를 제공하였다.

1994년에는 근로자의 업무상 스트레스 장애에 기업주의 보상 책임이 있음을 인정한 법원 판결이 있었고, 이를 계기로 기업의 EAP 도입이 본격화되었다. 현재 영국은 복지제도의 하나로 무상 의료건강서비스 기관인 NHS(National Health Service)를 통한 정신치료와 심리상담 등의 서비스를 무료로 제공하고 있다. 그뿐만 아니라 지역사회에서 자원봉사 형태의 EAP 서비스를 제공할 정도로 크게 발전하기에 이르렀다.

라. 대만

1970년대에 들어 대만의 경제는 크게 성장했지만, 그로 인한 근로자들의 직무 스트레스는 심해졌고 정신질환이 나타나기 시작했다. 이와 함께 사업장에서는 안전사고, 재해, 노사관계 악화 등 다양한 현상이 나타났고, 대만 정부는 직무 스트레스를 해소하기 위한 EAP 도입의 필요성을 인식하게 되었다.

1979년 대만 행정원노공위원회에서 기업 노동조합을 대상으로 EAP 교육을 시행하였으며, 1995년부터는 본격적으로 EAP를 보급하기 시작했다.

06 ㅣ EAP 관련 법규

정부는 EAP 도입을 제도적으로 장려하기 위해 관련 법규를 개정하였다. 산업현장에서 발생하는 근로자의 다양한 문제를 해결하기 위해 근로복지기본법, 산업안전보건법, 산업안전보건법 시행령, 근로자건강증진활동지침 등에 EAP 도입 권장을 명문화한 것이다.

가. 근로복지기본법

근로복지기본법 제1조(목적)에서는 '근로복지 정책의 수립 및 복지사업 수행에 필요한 사항을 규정함으로써 근로자의 삶의 질을 향상시키고 국민경제의 균형 있는 발전에 이바지함을 목적으로 한다.'라고 명시하고 있다. 제9조(기본계획의 수립)는 고용노동부장관이 관계 중앙행정기관의 장과 협의하여 근로복지증진에 관한 기본 계획을 5년마다 수립하고 이를 공표하도록 하였다. 또한, 제14조(근로복지종합정보시스템 운영)에서는 '고용노동부장관은 근로복지정책을 효과적으로 수행하기 위하여 근로복지종합정보시스템을 구축하여 운영할 수 있으며, 근로복지종합정보시스템을 통하여 근로자지원프로그램 및 선택적 복지제도의 운영을 지원할 수 있다.'라고 하였다.

제83조(근로자지원프로그램)는 '사업주는 근로자의 업무수행 또는 일상생활에서 발생하는 스트레스, 개인의 고충 등 업무저해요인의 해결을 지원하여 근로자를 보호하고, 생산성 향상을 위한 전문가 상담 등 일련의 서비스를 제공하는 근로자지원프로그램을 시행하도록 노력하여야 한다. 그리고 사업주와 근로자지원프로그램 참여자는 대통령령이 정하는 경우를 제외하고는 근로자의 비밀이 침해받지 않도록 익명성을 보장하여야 한다.'라고 명시하였다.

제86조(국가 또는 지방자치단체의 지원)에 따르면 국가 또는 지방자치단체는 선택적 복지제도, 근로자지원프로그램, 성과 배분, 발명·제안 등에 대한 보상을 활성화하는 데 필요한 지원을 할 수 있다. 그리고 제91조(근로복지진흥기금의 용도)에서는 근로복지진흥기금을 근로자지원프로그램에 지원할 수 있다고 하였다.

나. 산업안전보건법

산업안전보건법 제4조(정부의 책무)에서는 정부가 제1조의 목적을 달성하기 위하여 근로자의 안전 및 건강을 보호.증진하도록 하고 있다.

다. 산업안전보건법 시행령

시행령 제3조의6(건강증진사업 등의 추진)은 '고용노동부장관은 근로자 건강의 보호.증진에 관한 사항을 효율적으로 추진하기 위하여 다음 각 호와 관련된 시책을 마련하여야 한다.'라고 명시하였다.

라. 근로자건강증진활동지침

지침 제4조(건강증진활동계획 수립.계획)에 따르면 사업주가 근로자의 건강증진을 위하여 다음 각 호의 사항이 포함된 건강증진활동계획을 수립.시행하여야 한다. 그리고 사업주는 건강증진활동계획을 수립할 때 건강진단 결과 근골격계 질환 징후가 나타난 근로자에게 사후조치를 해야 한다. 더불어 직무 스트레스로 인한 건강 장애는 예방조치를 하도록 명시되어 있다.

07 ㅣ EAP를 도입하기 위한 조건

근로자가 신체적, 정신적으로 건강하면 직무 몰입도가 높아지고 기업의 이익이 증가한다는 연구 결과가 있었다. 이에 따라 기업에서는 EAP를 도입해 근로자가 건강한 직장을 만들어갈 수 있도록 돕고 있으며, 상당한 효과를 거두는 사례가 생겨나는 추세이다.

근로자가 건강한 직장을 만들도록 신경 쓰는 이유는 복잡하고 급변하는 기업 환경에 적합하게 근로자가 성장하며 안정된 환경에서 일할 때 기업경쟁력도 높아지기 때문이다. 하지만 EAP를 적극적으로 도입하는 외국과는 달리, 한국 기업들은 아직 EAP 도입에 소극적인 자세를 보인다.

기업이 EAP를 도입하려면 아래 조건을 충족해야 한다.

가. 경영자의 의지

EAP가 잘 정착하고 효과를 극대화하기 위해서는 경영진의 적극적, 지속적인 관심과 투자가 필요하다. 특히 근로자가 행복한 기업을 만들겠다는 경영진의 확고한 의지는 EAP의 성공적인 도입과 정착의 전제조건이라 할 수 있다.

나. 근로자들의 EAP 필요성 인지

임원과 근로자 역시 직원 건강을 위한 EAP 도입의 필요성을 알아야 한다. EAP 도입이 성공하기 위해서는 임원과 근로자의 동의와 적극적인 참여가 가장 중요하기 때문이다. 따라서 임원과 근로자가 건강관리 필요성을 인지해야 하는데, 이를 위해서는 전 직원을 대상으로 건강관리의 중요성, 가치를 홍보하며 EAP 도입의 필요성을 공유할 필요가 있다.

다. 조직과 예산 확보

EAP 도입 전략과 비전을 세우기 위한 조직과 예산 확보도 필수 요소이다. 임원과 노동자가 합의하여 EAP 도입을 결정했다면 기업은 이를 위한 전담조직을 만들거나 담당자를 지정해 업무를 수행하도록 지시해야 한다. 더불어 예산 마련을 통해 EAP 도입에 드는 비용을 충당해야 한다.

라. 서비스의 범위 선택

근로자의 직종, 근속연수, 연령, 성별 등 인구사회학적 특성과 직업적 배경 등에 따라 필요로 하는 서비스는 다르게 나타난다. 따라서 기업에서는 신체 건강, 정신 건강, 직장생활, 일상생활 등 서비스의 범위를 선택해야 한다. EAP 도입을 위한 조직을 만들고 예산을 확보했다면 기업에서는 예산 범위 내에서 근로자에게 제공할 서비스 범위를 정할 필요가 있다.

마. EAP 모형 선택

기업의 상황과 여건에 따라 EAP 모형을 선택해야 한다. 종류로는 내부 모형, 외부 모형, 절충 모형, 정부 지원 모형 등이 있다. 기업 규모가 크고 근로자 수가 많은 대기업은 내부 모형을, 근로자가 적으며 비용 부담이 큰 소규모 중소기업의 경우 외부 모형을 선택하는 것이 좋다.

08 I EAP 건강관리 체계

EAP는 기업 생산성에 영향을 미치는 요인이나 문제의 해결방안을 지원하는 다양한 복지후생 서비스를 통칭한다. 그중에서도 근로자들이 정신적, 육체적으로 건강한 직장생활을 할 수 있는 조건을 만드는 것이 가장 중요하다. EAP의 목표를 달성하기 위한 건강관리는 다음 4단계로 이루어진다.

첫째는 예방관리 단계로, 일상생활의 문제를 해결하기 위한 전문적 상담 및 조언이 이루어지며 생활 지원 서비스, 신체적.정신적 건강증진 프로그램으로 구성된다.

둘째는 초기대응 단계로, 신체적.정신적 질병의 발생 전조를 감지하고 신속하게 조기에 대응한다.

셋째, 본격 치료 단계이다. 전문가가 본격적으로 치료와 치유에 나서며, 근로자가 다시 업무에 복귀할 수 있을지 진단 검사를 실행한다.

마지막 넷째는 사후관리 단계로, 근로자가 업무를 재개할 수 있도록 지원하고 업무 복귀 후에는 사후 모니터링을 통해 관리한다. 모든 단계가 진행된 후에는 그동안 도출한 결과를 바탕으로 기존 지침을 재평가하고 수정하는 단계를 거친다.

<표 1-2> EAP 건광 관리 체계

단계	내용
예방관리	생활 지원서비스 : 일상생활 문제해결을 위한 전문적 상담과 조언 • 부부관계 • 자녀교육 • 노부모 봉양 • 이성교제 • 결혼문제
	건강증진 프로그램 지원 서비스 • 신체적 건강증진 • 심리적 건강증진

	• 스트레스 관리 프로그램
조기대응	발생 전조 감지 • 정신·신체적 건강 모니터링 • 중간관리자 교육
	신속한 조기 대응 • 근로자 관리 프로그램 통보 및 이관 • 건강 전문가 및 자료를 위한 정보 제공
본격치료	전문가의 치료 • 근로자 건강 상태평가 • 전문의, 상담가, 사회복지사로 연결된 전문가의 종합적 치료
	근로자의 직장 복귀 진단 • 직장 복귀 가능 여부 평가 • 적절한 근무환경 조사 및 제안
사후관리	통상업무 재계 • 근로자에게 적절한 근무환경 제공
	사후 모니터링 • 후유증의 최소화를 위해 지속적인 모니터링
	매뉴얼 재평가 • 전 과정 매뉴얼 재평가

자료원: 이승철 외(2012), 『건강한 기업의 조건: 근로노동자정신건강』,삼성경제연구소 , p.6 자료를 현
재에 맞게 재구성

제2장
EAP의 유형

01 | 운영 모형

EAP 운영 모형은 운영 주체와 성격에 따라 다양하게 나뉜다. 세부적으로는 내부 모형, 외부 모형, 절충 모형, 협회 모형, 컨소시엄 모형, 노동조합 모형, 정부 지원 모형 등이 있다.

EAP를 도입하려는 기업은 규모와 업종, 직원 수와 구성, 기업의 문화와 상황, 이윤과 복리후생 등에 따라 적합한 EAP 운영 모형을 선택, 도입해야 효과를 극대화할 수 있다.

EAP 도입을 위해서는 가장 먼저 해야 할 일은 근로자의 협의나 동의가 필수적다. 그리고 EAP를 도입하려는 기업의 마인드와 상황에 따라 EAP 운영 모형을 선택하게 된다. 또한 근로자의 필요성과 이해, 요구 정도에 따라 EAP 운영 모형 선택은 달라질 수 있다.

도입 이후로는 사용자의 적극적 지원과 더불어 근로자의 참여가 필요하기에 이들이 적극적으로 참여할 수 있는 EAP 운영 모형을 선택하는 것이 중요하다. 또한, EAP 도입을 위해서는 예산이 마련되어야 하는데, 예산 규모에 따라서도 EAP의 운영 모형은 달라질 수밖에 없다.

기업 상황에 맞지 않는 EAP 운영 모형을 선택한다면 근로자의 무관심으로 제대로 운영되지 않거나 형식적 운영에 그칠 수 있기에 효과 없이 예산만 낭비하는 결과를 가져올 수 있다. 따라서 성공적인 효과를 보기 위해서는 기업의 상황과 필요에 따라 적절한 EAP 운영 모형을 선택하는 것이 중요하다.

02 | 내부 모형

EAP의 내부 모형(Internal Model)은 가장 전통적인 운영 형태로, 기업 내에 EAP 담당 부서나 담당자를 두는 형태이다. 내부 모형은 EAP가 도입된 1990년대부터 대기업을 중심으로 채택되었으며, 현재 전체 기업 중 약 10%가 도입하고 있다.

기업 내에 전담조직을 두어야 하는 내부 모형은 그 특성상 삼성, LG 등 근로자가 많은 대규모 대기업을 중심으로 운영되고 있다. 비용이 많이 소요되기에 중소기업에서는 적용이 어렵다. 또한, 외부 노출을 꺼리는 대기업과 공공기관이 선호하는 유형으로, 대부분 기관이나 기업 내에 설치하는 것이 원칙이지만 외부에 설치해 운영하기도 한다.

내부 모형은 EAP 담당자가 근로자가 요청하는 서비스를 평가한 뒤 필요한 서비스를 근로자에게 직접, 또는 외부 병원이나 전문기관에 의뢰해서 제공한다. 내부 모형의 장점으로는 근로자 접근성이 높고 근로자 요구에 즉각적으로 반응하는 서비스를 제공할 수 있다는 것이다.

더불어 문제 발생 시 책임소재가 분명하며, 정확한 조직 문화 이해를 토대로 하기에 조직 차원의 개입이나 근로자 옹호, 정책 결정 등이 가능하다.

반면 기업 내 담당 부서나 담당자가 운영하기 때문에 비용이 많이 들고, 기업주의 요청에 따라 상담 내용이 유출될 수 있다는 단점이 있다. 또한, 소수 담당자가 운영하기에 전문성이 떨어질 수 있으며 서비스 다양성에 한계가 있어 변화하는 EAP 시장에 유연하게 대처하지 못하고 정체되기 쉽다는 한계도 존재한다.

03 ㅣ 외부 모형

일반적인 EAP 외부 모형(External Model)은 기업과 계약을 맺은 외부 전문기관이 관련 서비스 일체를 수행하는 것이다. 외부 모형이라고 해서 사업장 외부에서만 EAP 서비스를 제공하는 것은 아니며, 기업과 근로자의 요구에 따라 사업장 내에서도 EAP 서비스를 제공할 수 있다.

외부 모형은 EAP 전문가를 직접 고용하기 어려운 소규모 사업장이나 중소기업에서 주로 적용하는 모형이다. 기업은 직원이 이용하는 외부기관의 상담 비용만을 부담하면 되기에 비교적 적은 비용으로 EAP를 도입할 수 있다는 장점이 있어 최근 급격히 증가하는 추세에 있다.

미국의 경우 100인 미만 사업장의 근로자 중 80% 이상이 이용하고 있으며, 우리나라에서는 벤처기업이나 IT 기업에 적용하기 쉽다. EAP 도입 기업 중 60%가량이 외부 모형으로 운영하고 있다.

외부 모형은 사업장 외부에서 상담할 수 있어 내담자의 비밀이 보장되며 기관을 잘 선택한다면 경험이 많은 전문가에게 서비스를 받을 수 있다는 것이 장점이다. 그렇기에 다양하고 전문적인 서비스로 인한 효과를 크게 누릴 수 있다. 사업장이 여러 곳에 분산해 있는 기업의 경우 모든 사업장에 같은 품질의 EAP 서비스를 제공할 수 있다는 것도 장점이다.

단점으로는 EAP 전문가의 기업 문화나 현안 이해, 회사 내부 조직과의 소통 등이 어려울 수 있다는 단점이 있다. 더불어 상담회기에 제한을 두는 등 운영상의 어려움도 존재한다. 특히 외부기관과의 협력을 원하지 않거나 비협조적인 관리자를 만날 수 있으며, 외부 상담 시의 접근성 저하와 같은 문제가 발생한다. 가장 큰 위험성은 전문기관의 역량이나 경험이 부족할 경우 서비스 품질이 낮을 우려가 있다는 점이다.

04 | 절충 모형

EAP 절충 모형은 기업 내부에 상담실을 두고 EAP 전문 업체와 계약 후 전문가를 고용해 상담을 진행하는 형태로, 약 30%의 기업이 이 모형을 적용하고 있다. 내부 모형과 외부 모형의 장점을 취합해 운영하기에 단점보다는 장점이 많으며, 외부 모형의 한 유형이나 혼합형 모형으로 보는 경우도 있다.

절충 모형의 장점은 상담실이 기업 내부에 있기에 접근성이 편리하며 전문상담자의 기업 문화, 상황 등에 관한 이해도가 높아 상담 효과를 높일 수 있다는 것이다. 더불어 상담자를 직접 고용하는 형태가 아니기에 고용 비용이나 노무 부담이 적고, 상호 계약 내용에 따라 원하는 방식으로 운영할 수 있다는 것도 장점이다. 이런 이유로 현재 많은 대기업과 중견 기업에서 이 모형을 도입해 활용하고 있다.

반면 계약 기간 중 기업과 EAP 전문 업체 간의 이해관계나 갈등으로 인해 갑자기 상담이 중단되거나 예상치 못한 변수가 발생할 수 있다는 단점도 존재한다.

05 | 컨소시엄 모형

컨소시엄 모형(Consortium Model)은 여러 기업의 경영인이 공동으로 비용을 부담하며 지역사회의 자원을 공유하는 모형이다. 동종 업종이나 상호 연합 및 제휴가 활발하게 이루어지는 기업에 적합하다.

이 모형의 가장 큰 장점은 참여 기업이 공동으로 비용을 부담하기에 지출을 줄일 수 있다는 점이다. 그렇기에 독자적인 EAP 도입이 어려운 중소기업에 유리한 모형이며, 여러 기업체가 밀집해 있는 산업단지 등에서 활용하기 좋다.

컨소시엄 모형은 주로 외부에서 상담이 이루어지기에 비밀이 보장된다. 하지만 소수 전문상담자가 다수 기업을 관리하는 만큼 각 기업의 이념이나 특성, 문화에 관한 정보를 충분히 확보하기 어려워 내담자를 이해하는 데에 어려움을 겪을 수 있다.

06 | 협회 모형

협회 모형(Association Model)은 같은 직업군의 모임에서 EAP를 도입하는 형태이다. 미국의 경우 항공기조종사협회, 의사협회, 사회복지사협회 등에서 운영하는 사례가 있지만, 국내에서는 아직 도입한 사례가 없다.

협회 모형은 지리적으로 산재하고 있는 협회 구성원의 상담 접근성을 높이고, 전문상담자는 협회 특성과 문화의 이해가 용이해 상담 효과가 높다는 장점이 있다. 또한, 협회 구성원은 노동자가 아니라 협회 소속 회원이기에 서비스 이용 이력으로 인한 낙인 효과가 없어 서비스 이용으로 인한 부담이 적다.

하지만 협회 모형의 서비스는 개별 내담자의 특징과 요구보다는 협회 전체의 성격이나 요구에 맞추어 제공되는 경향이 있어 내담자가 적극적인 도움을 받기는 기대하기 어렵다.

07 | 노동조합 모형

　노동조합 모형(Union Model)은 운영 주체가 노동조합으로, 조합원들에게만 EAP 서비스가 제공된다. 다른 명칭으로는 조합원 지원프로그램이라고도 한다.
　노동조합 모형은 동료 노조원이나 자원봉사자가 의뢰방법 및 상담기술을 훈련받아 지원하는 방식으로, 상담 내용의 비밀이 보장된다.

　기업주 입장에서는 별도 비용이 들지 않으면서도 EAP 운영 효과를 볼 수 있다. 노동조합 측에서는 조합원의 확보와 유지가 꾸준히 이루어지며 동료애를 다질 수 있다는 장점이 있다.
　하지만 조합에 가입하지 않으면 혜택을 받지 못하며, 상대적으로 전문성이 떨어지는 조합원이나 자원봉사자가 담당하게 되면 서비스 품질이 낮아질 수 있다는 한계가 있다.

08 | 정부지원 모형

EAP의 정부 지원 모형(Government Sponsored Model)은 민간 전문 인력과 정부 재원이 결합한 공공 EAP 모형이다. 우리나라에서는 고용노동부 근로복지공단의 근로복지넷이 운영하는 '근로복지넷 EAP'가 있다.

여기서는 상시 근로자 300인 미만의 중소기업과 소속 근로자를 대상으로 EAP 서비스를 무료로 제공한다. 기업은 물론 개인 단위로도 신청할 수 있다.

개인 회원에게는 1인당 연 7회, 회당 50분의 상담을 지원하며, 오프라인과 온라인으로 서비스를 이용할 수 있다. 게시판 상담은 이용 횟수 제한이 없으나 전화나 희망 드림톡, 비디오 상담은 오프라인 상담과 마찬가지로 연 7회로 제한이 있다.

기업이 신청할 경우 개인 상담뿐 아니라 집단 프로그램도 이용할 수 있다. 또한, 상담자가 기업에 방문하여 여러 직원을 대상으로 특강, 교육 등을 진행하기에 동료가 서로의 상황과 심리를 잘 이해하는 데에 도움이 된다는 장점이 있다.

제3장
EAP의 주요사업

01 | EAP 서비스 범위

EAP 서비스 범위는 초기에는 알코올 중독자 치료 차원에서 시작되었으나, 사회와 산업이 발전함에 따라 점차 그 내용이 다양해지고 전문성이 요구되는 형태로 발전하여 현재는 매우 다양한 서비스가 제공되고 있다.

특히 EAP 전문기관들은 자신들의 특징이나 장점을 서비스로 제공하기 때문에 제공되는 서비스의 범위가 기관마다 다르며, 경쟁이 심해지면서 서비스의 범위가 점차 증가하고 있다.

최근 제공되고 있는 주요 서비스를 보면 <표 3-1>과 같이 상담 서비스, 생활 지원 서비스, 경영관련 서비스, 프로그램 서비스, 위기 상황 스트레스 관리 서비스, 프로그램 촉진 서비스 등이 있다.

상담 서비스로는 일반상담 서비스, 심리상담 서비스, 건강상담 서비스 등이 있다.

생활 지원 서비스로는 법률상담 서비스, 재정상담 서비스, 아동보호상담 서비스, 입양상담 서비스, 노인부양상담 서비스, 부모교육상담 서비스, 학업상담 서비스 등이 있다.

경영관련 서비스로는 경영상담 서비스, 직원교육 서비스 등의 서비스가 있다.

프로그램 서비스로는 집단상담 프로그램, 힐링 프로그램, 치유 프로그램, 기타 프로그램 등이 있다. 그리고 위기 상황을 개입하여 관리해주는 서비스와 EAP 도입 효과를 높이기 위한 촉진 서비스를 제공하고 있다.

<표 3-1> EAP 서비스 및 내용

주요사업	세부사업
상담 서비스	일반상담 서비스
	심리상담 서비스
	건강상담 서비스

	법률상담 서비스
	재정상담 서비스
	아동보호상담 서비스
생활 지원 서비스	입양상담 서비스
	노인부양상담 서비스
	부모교육.상담 서비스
	학업상담 서비스
경영관련 서비스	경영상담 서비스
	직원교육 서비스
	집단상담 프로그램
프로그램 서비스	힐링 프로그램
	치유 프로그램
	기타 프로그램
위기 상황 관리 서비스	
EAP 촉진 서비스	

출처 : 우종민(2009), 「근로자지원프로그램(EAP)의 합리적 도입 운영 모델 연구」자료를 현재에 맞게 재구성

02 ㅣ 상담 서비스

상담은 근로자가 가지고 있는 여러 가지 문제를 해결하거나 궁금증을 풀기 위하여 전문상담사와 근로자가 서로 의논하는 것을 말한다. 즉, 상담 서비스는 근로자의 다양한 신체적·정신적 문제에 대해 상담을 통해서 해결해주거나 도움을 주는 서비스다.

EAP가 처음 도입되었을 때는 직무 스트레스에 대한 상담이 주로 이루어졌지만, 현재는 다양한 스트레스 관련 상담뿐만 아니라 업무와 관련된 질환 등 근로자의 신체적·정신적 건강 유지와 증진을 돕기 위한 상담 서비스가 증가하고 있다.

상담 서비스는 근로자의 복지서비스가 증가함에 따라 일반상담 서비스, 심리상담 서비스, 건강 상담 서비스 등으로 세분화하여 서비스를 제공하고 있다.

일반상담 서비스로는 직장 부적응, 대인관계 문제, 부부관계, 이성교제 및 결혼, 직장 내 괴롭힘 등으로 서비스가 확대되었다.

심리상담 서비스로는 약물남용, 정서적 문제, 정신질환, 자존감 부족 등으로 서비스가 확대되었다.

건강상담 서비스로는 직무 스트레스, 건강, 식습관 등으로 서비스가 확대되었다.

<표 3-2> 상담 서비스 내용

세부사업	세부내용	
일반상담 서비스	• 직장 부적응 • 이성교제 및 결혼 • 직장 내 괴롭힘	• 대인관계 문제 • 부부관계
심리상담 서비스	• 약물남용 • 자존감 부족	• 정서적 문제 • 정신질환
건강상담 서비스	• 직무 스트레스 • 식습관	• 건강

03 | 생활 지원 서비스

생활 지원 서비스란 근로자가 직장과 가정에서 행복한 삶을 살 수 있도록 지원하는 서비스를 말한다. 생활 지원 서비스는 직장이나 가정에서 일상적으로 겪게 되는 각종 문제에 대해 전문적이고 신속한 정보와 상담을 제공함으로써 문제해결을 돕는 서비스다.

처음 EAP가 도입되었을 때는 주로 직장에서 생기는 문제만 지원하였으나, 점차 가정생활이 직장 생활에 미치는 영향이 커짐에 따라 지원하게 된 서비스이다. 생활 지원 서비스는 현재 EAP 서비스 중 세계적으로 이용률이 가장 높은 서비스 분야이다.

생활 지원 서비스가 증가하게 된 이유는 1970년대부터 여권이 신장되면서 여성 근로자가 증가하게 되었고, 1980년대 들어서는 육아 문제가 가정의 문제로 국한되지 않고 지역사회와 기업의 중요 문제로 떠오르면서 생활 지원 서비스에 대한 요구가 증가하기 시작하였다. 또한, 고령화로 인한 부모 봉양과 핵가족화로 인한 자녀 양육과 교육 그리고 이혼 증가, 맞벌이 증가 등 사회가 변화되면서 생활 지원 서비스에 대한 필요성이 절실히 요구되고 다양해지고 있는 실정이다.

생활 지원 서비스로는 법률상담 서비스, 재정상담 서비스, 아동보호상담 서비스, 입양상담 서비스, 노인부양상담 서비스, 부모교육·상담 서비스, 학업상담 서비스 등이 있다.

법률상담 서비스에서 제공하는 것은 이혼 및 가정문제, 상해 및 교통위반, 범죄, 상속 및 유언장 작성 등의 서비스를 제공하고 있다.

재정상담 서비스에서 제공하는 것은 부채문제, 은퇴설계, 자산관리, 세금문제 등의 서비스를 제공하고 있다.

아동보호상담 서비스에서 제공하는 것은 아동보육, 긴급보호 및 예비보호, 특수교육 프로그램, 재가보호, 방과 후 프로그램 서비스를 제공하고 있다.

입양상담 서비스에서 제공하는 것은 입양 방법 상담과 입양 후 상담 서비스를 제공하고 있다.

노인부양상담 서비스에서 제공하는 것은 재가보호, 요양원 및 주간보호소, 치매상담, 노인부양기관 정보 제공, 이동서비스, 재활서비스를 제공하고 있다.

부모교육·상담 서비스에서 제공하는 것은 한부모가정, 자녀 교육상담, 이혼가족 서비스를 제공하고 있다.

학업상담 서비스에서 제공하는 것은 정부 보조 프로그램, 진로상담, 학습상담, 입시 정보 제공 서비스를 제공하고 있다.

<표 3-3> 생활 지원 서비스 내용

세부사업	세부내용	
법률상담 서비스	• 이혼 및 가정문제 • 상해 및 교통위반	• 범죄 • 상속 및 유언장 작성
재정상담 서비스	• 부채문제 • 은퇴설계	• 자산관리 • 세금문제
아동보호상담 서비스	• 아동보육 • 긴급보호 및 예비보호 • 특수교육 프로그램	• 재가보호 • 방과 후 프로그램
입양상담 서비스	• 입양 방법 상담	• 입양 후 상담
노인부양상담 서비스	• 재가보호 • 요양원 및 주간보호소 • 치매상담	• 노인부양기관 정보 제공 • 이동서비스 • 재활서비스
부모교육.상담 서비스	• 한부모가정 • 이혼가족	• 자녀 교육상담
학업상담 서비스	• 정부 보조 프로그램 • 입시 정보 제공	• 진로상담 • 학습상담

04 | 경영관련 서비스

  경영은 기업이나 조직이 그들의 목적을 달성하기 위해 구성된 조직을 효과적이고 효율적으로 관리·운영하는 것을 말한다. 따라서 EAP 경영관련 서비스는 기업의 목표를 달성하기 위해 구성된 조직을 관리하고 운영하는 데 도움을 주는 서비스를 말한다.
  경영관련 서비스는 근로자의 직무 스트레스 관리를 통해서 생산성을 향상시켜 기업의 이윤을 높이는 것으로 시작하였으나, 경영상담과 직원교육 등을 추가하여 서비스가 제공되고 있다.
  경영상담 서비스로 기업의 기술계발, 조직관리, 조직변화 관리 및 대처, 인사관리, 직원관리 등의 전문적인 분야까지 서비스를 제공하는 EAP 전문기관이 등장하고 있다.
  직원교육 서비스에는 직무 스트레스 관리, 효과적 시간관리, 성폭력 및 직장 폭력, 리더십, 경력개발, 대화기술 및 갈등해결, 등의 서비스를 추가하여 제공하고 있다.

<표 3-4> 경영관련 서비스 내용

세부사업	세부내용
경영상담 서비스	• 기술계발 • 조직관리 • 조직변화 관리 및 대처 • 인사관리 • 직원관리
직원교육 서비스	• 직무 스트레스 관리 • 효과적 시간관리 • 성폭력 및 직장 폭력 • 리더십 • 경력개발 • 대화기술 및 갈등해결

05 | 프로그램 서비스

프로그램 서비스는 개인 상담으로 해결하기 어려운 부분을 집단 상담이나 집단으로 치유하는 것을 말한다. 프로그램 서비스는 EAP 전문기관에 따라서 집단상담 프로그램, 힐링 프로그램, 치유 프로그램 등으로 부르기도 한다. 그리고 전문기관에 따라서 다양한 프로그램을 제공하고 있다.

프로그램 서비스로는 직무 스트레스 해소, 자존감 함양, 대인관계 향상, 워킹맘과 워킹대디를 위한 양육 프로그램 등의 집단상담 프로그램이 있고, 4S 마음챙김, 오피스 치유요가, Monitor -in-Self, Mindful Forest와 같은 힐링 프로그램이 있다. 그리고 여행치유, 요리치유, 아로마치유, 영화치유, 미술치유, 걷기치유, 댄스치유, 음악치유, 스마트치유와 같은 치유 프로그램이 있으며, 전직지원 코칭 프로그램, 자녀 학력 증진 프로그램 등과 같은 기타 프로그램으로 구성되어 있다.

<표 3-5> 프로그램 서비스 내용

세부사업	세부내용	
집단상담 프로그램	• 직무 스트레스 해소 • 대인관계 향상	• 자존감 함양 • 자녀 양육 프로그램
힐링 프로그램	• 4S 마음챙김 • Monitor-in-Self	• 오피스 치유요가 • Mindful Forest
치유 프로그램	• 여행치유 • 요리치유 • 아로마치유 • 영화치유 • 스마트치유	• 미술치유 • 걷기치유 • 댄스치유 • 음악치유 • 스마트치유
기타 프로그램	• 전직지원 코칭 프로그램 • 자녀 학력 증진 프로그램	

06 | 위기 상황 관리 서비스

위기 상황 관리 서비스는 근로자 개인 문제로 인한 업무수행 능력 저하, 직무 스트레스, 직장 내 성폭력, 직장 내 괴롭힘, 업무상 사고, 업무 관련 정신질환 등 근로자 관련해 여러 가지 위험요인을 관리하는 서비스를 말한다.

위기 상황 관리 서비스는 근로자에 대한 지속적인 관찰과 심리검사를 통하여 근로자의 위기 상황을 판단한다. 근로자가 위험군에 해당하면 위기 해소를 위하여 개별상담 및 집단 상담을 진행한다. 상담 후 위기가 해소되면 직장으로 복귀시킨다. 근로자가 직장에 복귀한 후 평가를 통해서 위기 해소가 되지 않으면 다시 상담을 진행하여 문제를 해결해 준다.

07 | EAP 촉진 서비스

EAP 촉진 서비스는 EAP 도입에 따라 EAP에 대한 안내와 홍보를 통해서 EAP에 적극적으로 참여하도록 촉진하는 서비스를 말한다.

EAP 촉진 서비스에는 EAP 안내 책자, 소식지, 포스터를 통하여 EAP에 대한 홍보와 안내, EAP에 참여하는 감독관에 대해서 훈련 진행, 참여하는 근로자들에 대해서 오리엔테이션 진행, EAP 도입 실행 결과를 EAP 매뉴얼로 작성 후 기업에 제출 등의 서비스가 있다.

제4장
EAP의 효과

01 I EAP 도입의 필요성

EAP를 도입하여 효과를 검증한 외국의 문헌과 보도는 매우 많다. 국내에서도 EAP 도입의 필요성과 EAP 도입에 따른 효과를 분석한 논문들이 많아지고 있다.

EAP 도입의 필요성을 강조한 국내 연구들을 보면 다음과 같다.

김의명(1997)은 근로자 개인이 가지고 있는 문제들 예를 들면, 알코올중독 사고, 우울증, 가정불화 등은 생산성에 영향을 주며, 사용자의 81.3%와 근로자 중에는 78.4%가 EAP 서비스를 통해 생산성에 미치는 문제해결을 할 필요성을 느낀다는 연구 결론을 제시하였다.

한동우(1999)는 연구를 통해 근로자의 직무 스트레스와 가족생활 문제해결을 위해서 생활 지원서비스 및 정신건강서비스의 필요성을 제시한 논문으로 발표하였다.

박해웅(2002)의 연구에서는 근로자의 80.3%가 전문 상담프로그램 이용을 원하고 있고, 72.8%의 근로자는 개인적으로 상담 비용을 지불해서라도 이용할 것이라는 결과를 논문으로 발표하여, 국내에서도 외국과 마찬가지로 EAP 서비스 도입의 필요성을 제시했다.

박해웅·최수찬(2005)은 스트레스에서 오는 우울증을 경험할수록 EAP 서비스를 받으려는 욕구가 강한 반면 스트레스로 훼손된 자존감은 오히려 EAP 접근성을 떨어뜨린다고 하였다.

김대성(2006)은 최근 웰빙과 삶의 질을 추구하려는 근로자의 의식 변화에 따라 근로자들은 직무 스트레스 예방관리와 생활스트레스 관리를 위해 EAP 서비스를 받고 싶은 욕구가 가장 크다고 하면서 EAP 서비스 도입이 필요하다고 주장하였다. 특히 의미 있는 것은 조사대상자들이 기초생활 보조적인 전통적 기업복지보다 EAP와 같은 사회심리적 서비스에 더 많은 관심과 욕구가 있다는 결과를 얻었다는 것이다.

  박재홍· 이민경· 장용언(2010)은 직무 스트레스와 우울감이 비례한다는 연구 결과를 통해 직무 스트레스를 적극적으로 관리하려면 근로자 직무환경 뿐만 아니라 개인 환경까지도 통합적으로 고려된 EAP 서비스 도입의 필요성을 제시하였다.

02 | 근로자 측면

가. 맞춤형 서비스 제공

EAP는 일반적으로 제공되는 기업의 복리후생제도나 국가복지(공공산업복지)제도로 충족시키기 어려운 근로자의 개별적 욕구에 맞추어 제공되는 맞춤형 서비스이다.

나. 지속적인 지원 서비스

근로자는 24시간 중 언제든지 상담과 치료를 위한 EAP 지원 서비스를 제공받을 수 있으며, 위험 상황에는 심리적·정서적 안정을 위하여 즉각적으로 위기 개입 서비스를 받을 수 있다. 또한, 약물 남용자나 정신질환이 심한 경우에는 지역의 병원과 연계하여 의료서비스를 제공받을 수 있으며, 지역사회에서 지원하는 서비스 자원을 직·간접적으로 제공받을 수 있다.

다. 가족이나 친지 간에 생긴 문제 해결

근로자의 심리적·정신적인 문제 원인이 기업조직 이외에도 가족 또는 친지 간의 관계에서 발생할 수 있으므로, EAP 서비스의 체계적인 전문 상담을 통해 결혼, 부부 갈등, 이혼, 자녀 양육 문제, 자녀 교육문제, 부모 봉양, 가족 간의 대립 문제 등을 해결할 수 있다. 그리고 EAP 도입 시 체결한 계약에 따라 무료 또는 저가로 법률관련 상담이나 전문가에 의한 상담도 지원받아 관련된 문제를 해소할 수 있다.

라. 직무 스트레스 해소

EAP는 근로자의 심각한 직무 스트레스가 업무조직에 부작용을 초래한다는 것을 인식하고, 근로자의 스트레스를 예방하고 상담하는 등 적극적인 역할을 해내고 있다.

실제로 EAP 도입을 통해 근로자는 각종 스트레스가 해소되거나 감소하여 산업재해를 예방할 수 있고, 심신의 건강을 되찾아 지각, 조퇴, 결근 등을 줄이며 자신감을 갖도록 하여 직무나 조직에 대한 몰입도를 높이게 하는 효과를 줄 수 있다.

03 | 기업적 측면

가. 생산성 향상

각종 연구 결과를 보면 근로자들의 직무 스트레스 및 우울증을 효과적으로 관리하지 못하게 되면 생산성이 매우 떨어져 기업은 경제적 손실이 발생할 수 있다. 따라서 EAP 서비스의 도입으로 근로자들의 스트레스 및 우울증을 해소하여 직무에 집중하게 함으로로 업무 역량을 높여 생산성을 향상시킬 수 있다.

나. 근태 향상

직무 스트레스 및 우울증이 심해지면 이로 인해 직무에 태만하거나, 결근과 비효율적인 근무로 기업에 손실을 가져오게 된다. 따라서 EAP 서비스의 도입을 통해서 직무 스트레스나 우울증을 제거하거나 감소시키면, 직무 스트레스나 우울증으로 오는 결근과 비효율적인 근무를 대폭 줄일 수 있다.

다. 노동 손실 감소

기업은 EAP 서비스를 도입함으로써 근로자들이 당면한 문제를 해결하거나 감소시키게 되면 이들의 이직과 퇴직이 최소화되어 노동력의 손실을 줄일 수 있다. 기업에서는 경력자 보유와 관리가 중요하기 때문에 EAP 서비스의 도입은 경력 노동력의 유지 및 관리의 안정화를 가져올 수 있으므로 기업의 경쟁력을 높여 준다.

라. 비용절감 효과

기업의 복지비 지출은 단기적 측면에서는 매몰 비용일 수 있으나, 장기적인 측면에서 볼 때는 생산성 향상에 도움을 줄 수 있다. 실제로 많은 사례에서 EAP를 도입하는 데 들어가는 비용보다, 근로자의 사고로 인한 생산성 감소에 따른 비용이 더 많이 드는 것을 볼 수 있다.

제5장
EAP전문가

01 | EAP전문가의 정의

EAP전문가란 기업의 성장과 생산성 향상을 위해 개인이 가지고 있는 문제들을 상담, 코칭, 컨설팅 등을 통해 해결방안을 찾아 건강하고 행복한 직장생활을 영위할 수 있도록 해주는 전문가라고 정의할 수 있다. 즉 기업의 생산성 향상을 위하여 직무에 영향을 미치는 근로자의 건강, 정서적 문제, 직무 스트레스 , 법률 및 재정 문제, 부부 및 가족생활 문제, 알코올 및 약물남용 등의 문제를 진단하고 예방, 상담, 코칭, 컨설팅 등으로 문제를 해결해주는 전문가다.

우리나라에서는 1990년 전후로 국내 소수 대기업에 사내 상담실이 도입되면서 EAP 도입이 시작되었다. IMF이후 급격한 경제적인 변화를 거치면서, 2000년대부터는 본격적으로 도입되기 시작했다. 이후 기업들이 근로자 지원 프로그램을 도입함으로써 근로자들의 직무에 대한 스트레스와 결근율이 줄었으며, 회사에 대한 만족도가 높아져 결과적으로 이 프로그램이 생산성 향상에 기여했다는 성공 사례들이 나타났다. 그래서 EAP는 기업복지의 대안으로써 근로자 지원 프로그램으로 주목받고 있다.

기업들은 EAP의 효과와 필요성을 깨닫게 되면서 대기업뿐 아니라 공기업 및 중소기업까지 EAP를 도입하면서, 국내에서도 EAP가 본격적으로 성장하고 있는 중이다.
이처럼 EAP 서비스를 도입하고 있는 기업들이 증가하고 있는데 그 기업들 중에 EAP를 내부에서 해결하기 어려운 경우, 외부의 EAP 전문기관에게 위탁하는 형태가 확산되면서 기업에 EAP 서비스를 제공하는 EAP 전문기관들도 우후죽순 생겨나고 있다.
EAP를 위탁하는 기업과 EAP에 참여하는 근로자들이 증가하면서, EAP 전문기관들은 현장에서 EAP에 참여한 근로자 각 개인이 가지고 있는 문제의 해결방안을 찾아 상담, 코칭, 컨설팅 등을 해줄 수 있는 EAP 전문가를 필요로 하게 되었다.

02 ㅣ EAP전문가의 직무와 자격 기준

현재 EAP전문가에 대한 국가 자격증은 없으며 민간에서 EAP 서비스를 제공하는 전문기관과 상담센터 등에서 양성교육을 받고 한국직업능력개발원에서 인증한 민간자격증을 발급받을 수 있다. 자격증의 명칭은 EAP전문가로 모든 기관이 같으나, 양성기관의 성격이나 제공하는 서비스에 따라 교육과정이나 교육내용이 다르며, 통일된 교육과정은 없다.

EAP전문가 양성의 초기 단계에서는 주로 현장에서 심리상담사로 활동하고 있는 심리상담사들에게 직무 스트레스를 해소할 수 있는 상담 전문가를 양성하는 보수 교육의 형태로 양성과정을 진행하였다. 그러나 사회나 기업의 요구가 다양해지면서 EAP전문가에 대한 역할도 전문상담사로만의 역할이 아니라 코치와 컨설턴트의 역할까지 요구하게 되었다.

또한, 상담분야도 초기에는 주로 직무 스트레스나 직장 내 인간관계에 관련된 상담이 주를 이루었다. 현재는 직무 스트레스는 기본이고, 근로자를 대상으로는 직장 부적응, 대인관계 문제, 부부관계, 이성교제 및 결혼, 직장 내 괴롭힘, 약물남용, 정서적 문제, 정신질환, 자존감 부족, 건강, 식습관 등으로 서비스가 확대되었다. 그리고 가족을 위하여 재정상담, 아동보호상담, 입양상담, 노인부양상담, 부모교육상담, 학업상담, 이혼 및 가정문제, 상해 및 교통위반, 범죄, 상속 및 유언장, 부채문제, 은퇴설계, 자산관리, 세금문제 등의 서비스를 제공하고 있다.

이처럼 현장에서는 EAP전문가에게 만능을 원하고 있지만, 여건상 현장에서 요구하는 모든 것을 모두 제공할 수는 어렵다. 그리고 대부분의 EAP전문가를 양성하는 교육기관에서 제공하는 교육내용은 주로 상담사의 역할과 상담방법, 근로자가 가지고 있는 문제 중에서 많이 다루어지는 직무스트레스, 대인관계, 우울증 등에 대해서 상담하는 방법과 해결 방법을 다루고 있다. 따라서 나머지 서비스 분야는 현장에서 일하면서 상담경험을 쌓으며 스스로 터득하거나 일부 서비스에 대한 보수교육으로 능력을 쌓아가야 한다.

한편 대부분의 EAP전문가 자격과정은 1급, 2급, 3급으로 나누어서 자격의 직무와 검정기준을 달리하고 있다. 한국여행치료협회의 자격의 직무와 검정기준을 보면 다음과 같다.

가. 자격의 직무

① EAP전문가 1급

전문적 수준의 EAP에 대한 이론과 지식을 갖추고, EAP 서비스에 전반에 대하여 상담, 컨설팅, 코칭하여 내담자가 가지고 있는 문제를 예방하거나 해결하고 EAP에 관련된 강의 업무를 수행한다.

② EAP전문가 2급

일반적 수준의 EAP에 대한 이론과 지식을 갖추고, EAP 서비스 중 직무스트레스나 대인관계에 대하여 상담, 컨설팅, 코칭하여 내담자가 가지고 있는 문제를 예방하거나 해결하는 업무를 수행한다.

③ EAP전문가 3급

일반적 수준의 EAP에 대한 이론과 지식을 갖추고, EAP 서비스 중 직무스트레스나 대인관계에 대하여 상담하여 내담자가 가지고 있는 문제를 예방하거나 해결하는 업무를 수행한다.

나. 자격의 검정기준

① EAP전문가 1급

EAP에 대한 전문적 수준의 이론과 지식을 갖추고, EAP 서비스에 전반에 대하여 상담, 컨설팅, 코칭하여 내담자가 가지고 있는 문제를 예방하거나 해결하고, EAP에 관련된 강의를 수행할 수 있는 능력을 갖춘 수준

② EAP전문가 2급

EAP에 대한 일반적 수준의 이론과 지식을 갖추고, EAP 서비스 중 직무스트레스나 대인관계에 대하여 상담, 컨설팅, 코칭하여 내담자가 가지고 있는 문제를 예방하거나 해결하는 업무를 수행할 수 있는 능력을 갖춘 수준

③ EAP전문가 3급

EAP에 대한 일반적 수준의 이론과 지식을 갖추고, EAP 서비스 중 직무스트레스나 대인관계에 대하여 상담하여 내담자가 가지고 있는 문제를 예방하거나 해결하는 업무를 수행할 수 있는 능력을 갖춘 수준

03 | EAP전문가의 조건

EAP전문가에게 만능을 원하고 있지만, 현실적으로 현장에서 요구하는 모든 것을 제공하기는 어렵다. 하지만 EAP전문가가 되기 위해서는 기본적으로 EAP에 대한 지식과 상담, 컨설팅, 코칭에 대한 지식을 가지고 있어야 한다.

EAP전문가로 활동하기 위해서는 EAP 전문가로서 자격을 갖추고, 현장에서 대하는 많은 상담 경험과 학습을 통해서 만능에 가까운 능력을 갖추어야 한다.

EAP전문가로서 갖추어야 할 최소한의 조건을 보면 다음과 같다.

① 내담자와 상담할 수 있는 심리학적인 지식을 가지고 있어야 한다.

② 내담자가 가지고 있는 심리적·정서적인 증상을 심리 치료적인 관점에서 분석, 진단 및 치유 할 수 있는 능력을 가지고 있어야 한다.

③ 내담자의 문제해결을 위한 효과적인 상담계획을 세우고, 상담, 컨설팅, 코칭 등을 할 수 있어야 한다.

④ 내담자를 상담하기 위해서는 다양한 검사 도구를 활용하고 객관적으로 분석할 줄 알아야 한다.

⑤ 검사 결과를 가지고 내담자의 상태나 문제를 정확히 진단할 줄 알아야 한다.

⑥ 내담자의 성별, 나이, 직장환경, 생활환경에 따라 EAP의 효과나 결과에 차이가 나타날 수 있으므로 내담자의 고유성을 인지하고 적절한 대처를 할 수 있는 능력을 갖추어야 한다. 이러한 능력 개발에도 역시 오랜 임상 경험이 필수적이다.

⑦ 끊임없이 새로운 지식을 습득해야 한다. 세상이 급변하는 만큼 다양한 정신적·정서적인 문제들이 나타나기 때문에, EAP전문가는 전문성을 확보하기 위하여 부단히 노력해야 한다.

⑧ 내담자의 잠재력과 가능성을 믿어야 한다. EAP전문가는 내담자를 만남과 동시에 내담자의 잠재 능력을 발견하려는 노력을 해야 하며, 동시에 치료될 수 있다는 믿음을 가져야 한다. 내담자는 상담사의 자신감에 비례해서 마음의 문을 열고 자신을 솔직하게 보이는 경향이 있기 때문이다.

⑨ 상담을 중간에서 포기하지 말아야 한다. EAP전문가는 내담자가 변화되지 않는다고 중간에 상담을 포기하게 되면, 내담자에 의해서 컴플레인이 발생하여 EAP 전문기관에 막대한 타격을 주기 때문에 상담을 끝까지 완수하여야 한다.

04 ㅣ EAP전문가의 역할

EAP전문가의 역할은 크게 상담사, 코치, 컨설턴트, 지도자, 동반자, 안내자, 촉진자 등 7가지 역할을 수행해야 한다.

가. 상담사

상담사는 내담자와 만나 상담을 통하여 내담자가 가지고 있는 문제를 진단하고, 거기에 맞는 상담을 통하여 문제를 해결할 수 있도록 도와주거나 궁금증을 풀어 주는 역할을 말한다. EAP 전문가로 활동하기 위해서는 초기에는 주로 직무 스트레스와 대인관계에서 오는 문제를 진단하고 상담할 줄 알아야 하며, 시간이 지날수록 상담의 폭을 넓혀 내담자가 원하는 분야의 상담을 할 줄 알아야 한다.

나. 코치

코치(Coach)는 발전하고자 하는 의지가 있는 내담자의 잠재능력을 최대한 개발하고, 변화할 수 있도록 목표를 설정해주고, 전략적으로 행동하여, 목표에 도달하도록 이끌어주는 전문가를 말한다. EAP의 초기에는 수동적으로 내담자의 문제를 해결하는 데 도움을 주는 상담역할이 컸지만, 점차 적극적으로 내담자의 문제를 해결해주고, 성공으로 이끌어 주는 역할이 강조되면서 코칭을 요구하는 기업이 증가되어 새롭게 추가된 역할이다.

다. 컨설턴트

EAP전문가는 EAP의 전문가로서 기업경영, 기술개발, 인사관리, 조직관리, 영업 관리 등에 관하여 전문적인 지식을 가지고 조언하고 협력하여 기업이 성공할 수 있도록 컨설팅해주는 컨설턴트(Consultant)의 역할을 수행해야 한다. EAP의 초기에는 상담이 중심이었지만, 점차 기업에서는 컨설팅을 요구하게 되었기 때문에 EAP전문가는 컨설턴트로서 역할을 수행할 수 있어야 한다.

라. 지도자

지도자는 특별한 소질을 바탕으로 남들을 이끄는 사람이라는 사전적 의미도 있지만, 어떤 것을 주도적이며 실증적으로 밝히는 사람이라는 심리학적 의미도 있다. 따라서 EAP전문가는 내담자에게 EAP의 원리를 알려주고 지도함과 동시에, 내담자의 상황을 정확히 진단 및 분석하여 문제를 주도적으로 해결하는 지도력을 발휘해야 한다.

마. 동반자

EAP전문가는 치료 EAP 중 내담자와 일정한 거리를 두기보다는, 문제 해결을 위한 동반자가 되어야 한다. 따라서 내담자의 상황을 충분히 이해하고 이에 맞추어 EAP을 수행할 필요가 있다. 예를 들어 내담자가 가지고 있는 문제가 큰 데 비해 상담 기간이 짧다면 EAP전문가는 더욱 적극적으로 내담자를 지지하고 도와야 할 것이다. 반대로 내담자가 가지고 있는 문제가 비교적 간단한 것인 데 비해 상담 기간이 길다면 EAP전문가는 인내를 갖고 내담자와 인간적인 교류를 깊이 가질 수 있도록 노력해야 할 것이다.

바. 안내자

EAP전문가는 내담자에게 단순히 정서적 도움을 주는 존재가 아닌, 적극적으로 올바른 방향을 알려주는 안내자가 될 수 있어야 한다. EAP전문가는 또한, 내담자가 제안 내용을 잘 따라올 수 있도록 친절히 안내해야 한다. 어떤 일을 수행해야 하는 이유와 방법, 그 내용과 과정에 대해 구체적으로 충분히 이해할 수 있도록 안내하고 이끌어 주어야 한다.

사. 촉진자

촉진자란 원하는 목표에 빠르게 이를 수 있도록 이끌어 주는 사람을 말이다. EAP전문가는 EAP 도중 내담자의 심리상태가 긍정적으로 빠르게 변화할 수 있도록 최선을 다해야 한다.

05 ㅣ EAP전문가의 전망

우리나라는 근로자 지원 프로그램이 도입된 지 20년이 지났지만, 관련 종사자 외의 사람들에게는 아직 EAP 용어 자체가 낯설며, 근로자들에게도 많이 알려지지 못한 것이 사실이다. 그도 그럴 것이 기업복지에 선도적인 일부 중소기업에서도 근로자 지원 프로그램을 도입하여 좋은 반응을 얻고 있지만,

이 프로그램이 도입된 곳은 대부분 대기업과 공기업이 주가 되고 있기 때문이다. 그러나 EAP 도입으로 기업의 생산성 향상과 근로자들의 직무 스트레스와 개인이 가지고 있는 다양한 문제를 해결하는 데 효과가 있다는 것이 검증되면서 EAP 도입이 점차 확산되고 있다.

현재 미국 포춘(Fortune)에서 선정한 500대 기업의 95%와 100인 이상 기업 80%가 EAP를 도입하고 있다. 미국 내 기업62%가 EAP를 시행 중이며, 33%는 시행 계획이 있는 것으로 나타났으며, 시장의 규모는 4조원에 이르는 것으로 조사되었다.

한국의 경우 정부에서는 산업 현장에서 발생하는 근로자의 다양한 문제를 해결하기 위해 제정된 근로복지 기본법, 산업안전보건법, 산업안전보건법 시행령, 근로자 건강증진활동 지침에 EAP의 도입을 권장하고 있다. 그리고 정확한 통계는 없지만, 약 30% 정도의 기업과 공공기관에서 EAP를 도입한 것으로 알려져 있으며, 시장의 규모는 미국의 EAP 시장의 10%인 4천억 원에 이르는 것으로 조사되었다.

EAP를 도입하는 기업의 수가 증가함에 따라 2004년 이후부터 EAP 서비스를 제공하는 전문 업체들이 출현하기 시작하여 현재는 60개사 내외의 상담센터와 소규모의 EAP 전문기관이 일부 중소기업에 EAP 서비스를 제공하고 있다.

EAP 전문가가 되기 위해서는 대학이나 대학원에서 학위를 받거나, EAP 전문기관과 상담기관에서 양성하는 EAP 전문가 양성과정을 통해서 가능하다.

대학에서는 사회복지학과, 심리학과, 산업상담학 등에서 전공을 하고 EAP 전문가가 될 수 있으나, 전문 지식만을 가지고 현장에서 이루어지는 EAP 서비스를 제공하는

데는 한계가 있다. 대학원에서는 상담학과, 산업복지학과, 산업심리학과 등을 졸업하고 EAP 전문가가 될 수 있으나 소수만이 전공하기 때문에 석사 이상의 고급 EAP 전문가는 부족한 실정이다.

확대되고 있는 EAP 시장에서 EAP 전문가의 공급이 절대적으로 필요하기 때문에, EAP 전문기관과 상담기관에서 현장 실무를 중심으로 다양한 EAP 전문가 양성과정이 이루어지고 있다. 뿐만 아니라 대학교와 지방자치단체의 평생교육원, 여성회관, 여성 인력개발센터 등에서 EAP 전문가 양성과정을 운영하는 곳이 증가하고 있다.

민간 차원의 EAP 전문기관 중에는 늘어나는 고객의 EAP 수요를 충족시키기 위하여 교육과정을 수료하자마자 바로 현장에 투입될 수 있는 곳이 많다.
뿐만 아니라 기존 상담분야의 종사자들이나 심리상담을 공부한 학습자들에게도 EAP 시장은 새로운 기회가 된다는 점에서 전망은 매우 밝을 것으로 예상된다.

EAP전문가가 되어 활동할 수 있는 방법은 다음과 같다.
① 개인 심리상담소를 개설하여 EAP전문가로 활동
② 기업에 소속되어 EAP전문가로 활동
③ EAP 전문기관에 소속되어 EAP전문가로 활동
④ EAP 전문기관 설립 운영
⑤ 심리상담가로 활동
⑥ 전국의 대학교 평생교육원과 여성회관, 지방자치단체에서 운영하는 평생교육원, 여성 인력개발센터 등에서 EAP전문가 양성 강사로 활동

EAP는 앞으로 수요가 더욱 늘어날 전망이므로 EAP전문가에 대한 필요성은 더욱 증가하게 되어 전망이 밝은 분야라고 할 수 있다.

제6장
EAP 적용 과정

01 | EAP 적용 과정

단계	업무
계약 단계	EAP전문가 확보
	계약 체결
	오리엔테이션 실시
	온라인 심리검사 실시
	상담 신청 접수
	EAP전문가 배정
상담준비 단계	내담자 상담신청 확인
	비대면 상담 시 채널 선택
	대면 상담 시 상담 장소 확보
	내담자 사전 정보 분석
	상담 협약 조건 확인
	상담 계획 수립
상담시작 단계	상담주제 탐색
	상담 안내
	상담계약서 작성
	심리검사
	사례개념화
	상대방에 대한 이해

상담시작 단계	일관적 성실성
	상담 전문성 확보
	상담취소 및 노쇼 처리
	상담목표 설정
상담진행 단계	문제해결
	행동변화 촉진
상담종결 단계	피드백
	변화와 성장 확인
	연장 협의하기
	상담 종결
상담결과 평가 단계	상담기록하기
	만족도 조사

02 Ⅰ 계약 단계

가. EAP전문가 확보

EAP 전문기관이 되기 위해서는 전국적으로 직영 상담센터 또는 협력 상담센터를 모집하여 업무 협약을 맺고, 개인적으로 EAP전문가로 활동할 수 있는 심리상담사를 모집해야 한다.

협력 상담센터에서 실제로 상담에 참여할 상담사와 EAP전문가로 활동할 수 있는 심리상담사를 대상으로 EAP전문가 양성 교육을 통해서 EAP 상담에 필요한 지식과 노하우를 교육하여 통일된 상담이 이루어지도록 한다. 그리고 위험군으로 판정된 내담자에 대해서는 위기 상황 관리 방법을 교육하여 위기 상황을 성공적으로 관리할 수 있도록 한다.

EAP전문가 양성 교육을 이수한 상담사 중에서 EAP전문가로 활동할 수 있는 상담사를 선발하여 상담자로 등록한다. 상담자로 등록하기 위해서는 상담자 등록 원서에 상담 가능 분야, 상담 방법, 상담 가능 지역, 간단한 자기소개를 적는다.

나. 계약 체결

EAP 전문기관은 EAP를 도입하려는 기업과 국가기관과 계약을 체결한다. 계약을 체결할 때는 EAP에 참여하는 근로자의 수, EAP 적용 기간, 필요한 서비스 분야, EAP 비용 등을 고려하여 계약한다.

다. 오리엔테이션 실시

계약이 체결되면 EAP 전문기관은 기업이나 국가기관을 방문하여 근로자들을 대상으로 EAP에 대한 설명 자료를 배포하고, 오리엔테이션을 진행하여 EAP에 참여를 독려하고, 임원을 대상으로 근로자들이 적극적으로 참여하고, 상담할 수 있도록 협조를 요청한다.

라. 온라인 심리검사 실시

근로자들이 EAP 도입의 필요성에 대하여 인식하면 온라인 심리검사를 실시한다. 온라인 심리검사는 기업과의 계약에 따라 전 직원을 대상으로 할 것인지, 일부의 직원을 대상으로 할 것인지에 따라 EAP 참여 근로자를 대상으로 직무 스트레스를 기본으로 하고 기업의 요구에 의하여 자존감, 우울증, 대인관계, 회복탄력성, 성격유형 등의 온라인 심리검사를 실시한다.

마. 상담 신청 접수

온라인 심리검사 결과 위험군에 해당하는 근로자는 자동적으로 위기 대응 상담을 진행한다. 그리고 상담을 원하는 근로자에게는 상담신청서를 작성하게 한다. 상담신청서는 부록에 있는 양식을 사용하여 내담자의 기본적인 인적 사항, 상담목적, 건강상태, 상담에 필요한 사항을 기록하게 한다.

바. EAP전문가 배정

EAP 전문기관은 상담신청서에 기록된 내담자의 상황이나 상담목적을 해결할 수 있는 EAP전문가 중에서 내담자와 가장 가까운 곳에 위치한 EAP전문가를 배정하고 내담자와 상담을 진행하도록 한다.

03 ㅣ 상담준비 단계

가. 내담자 상담신청 확인

내담자를 배정받은 EAP전문가는 협약기관의 방식에 따라 하루 이내에 다양한 채널 (전화, SNS, 홈페이지 확인 등) 중에서 내담자가 편하게 느끼는 방법을 선택하여 내담자의 상담신청을 확인한다.

상담신청을 확인할 때는 다음의 사항을 확인해야 한다.

- 상담신청서 작성 여부를 묻고 상담신청서를 제출하도록 한다.
- 상담신청 확인 도중에 내담자의 증상이 심각하다고 판단될 경우 협약기관과 연계된 정신과 병원에서 진찰 및 진료를 받을 것을 권유한다.
- 위험군으로 판정된 내담자에 대해서는 위기 상황 관리 방법에 의한 상담 가능여부를 판단하여 위기유형과 수준에 맞는 위기상담전략을 수립하고 상담을 진행한다.
- 만약 내담자의 위기유형과 수준에 맞는 위기상담이 어려운 경우에는 협약기관에 연락을 통해 위기상담 관련된 역량을 기르기 위해 교육 및 사례지도를 받는다.
- 상담일정은 가능한 빠르게 잡는다.
- 상담회기 수를 확인한다.
- 상담 방법을 면대면 상담으로 원하면 상담 장소는 어디서 하면 좋은지 확인한다.
- 상담 방법을 비대면 상담으로 원하면 상담 채널(전화, 카카오톡, 챗봇 등) 중에서 무엇을 선택하면 좋은지 확인한다.

나. 비대면 상담 시 채널 선택

비대면 상담을 원하는 경우에는 상담 채널(전화, 카카오톡, 챗봇 등) 중에서 내담자가 편하게 느끼는 방법을 선택해서 하도록 한다. EAP전문가는 선택된 채널을 상담에 원활하게 사용하기 위하여 채널의 장점과 활용방법을 충분히 익혀두어야 한다.

다. 대면 상담 시 상담 장소 확보

대면 상담 시 상담 장소는 내담자가 안전하다고 느끼면서 이용이 가능한 상담 장소를 확보하는 것이 중요하다. 따라서 협약상담센터에 소속되어 있거나, 개인센터를 가지고 있을 경우에는 해당 센터에서 상담을 진행하는 것이 좋다. 그러나 센터를 사용할 수 없는 개인 EAP전문가는 스터디룸을 예약하여 사용하면 되는 데 이 경우 EAP전문가가 장소를 빌리는 비용까지 부담하게 되는 단점이 있다.

내담자의 회사로 방문하여 상담하기를 원하는 경우에는 약속을 잡고 회사에 직접 방문하여 상담할 수 있는 장소를 협조를 받는다.

라. 내담자 사전 정보 분석

상담이 배정되면 EAP전문가는 상담을 효과적으로 진행하기 위하여 내담자의 기본 정보와 내담자가 속한 조직의 정보를 분석해야 한다. 내담자는 직장인이기 때문에 내담자가 속한 회사에 대하여 정보를 찾아 분석하는 것은 내담자를 이해하는 데 크게 도움이 된다.

EAP전문가가 내담자의 회사에 관련된 여러 자료들을 찾아보면서 상상해보고 공감하려고 하는 것으로도 조직 내에서의 주관적 세계를 이해할 수 있게 될 것이다. 또한, 상담자가 이를 위해 꼭 기업에 근무한 경험이 없다고 하더라도, 조직에 대한 일반적인 특성 및 원리, 용어 등에 대해 이해하고 있는 것만으로도 내담자를 이해하는 데 도움이 된다. 분석해야 할 내담자의 정보는 다음과 같다.

- 내담자의 상담 목적과 상담 주제
- 내담자의 인적사항(성별, 나이)
- 내담자의 가족관계
- 내담자의 직무와 직위
- 내담자가 속한 회사의 기본 정보(보수, 역사, 업종, 복지, 매출액, 일의 강도 등)
- 내담자가 속한 회사의 분위기
- 내담자가 속한 회사의 특성
- 내담자가 속한 회사의 산업 정보
- 내담자가 속한 회사의 사건 사고

마. 상담 협약 조건 확인

EAP 상담은 내담자의 직장과 협약기관의 계약 내용에 따라 제공되는 서비스가 다르기 때문에 협력기관이 맺은 계약 조건을 꼼꼼하게 확인해야 한다. 확인할 계약 조건은 다음과 같다.

- 내담자에게 제공되는 상담 회기는 몇 회기인가?
- 본인만 상담이 제공되는가?
- 가족에게도 상담이 제공되는가?
- 상담의 범위는 어디까지인가?
- 상담에 불참할 경우 어떻게 처리해야 하는가?
- 상담연장이 필요할 경우 연장이 가능한가?

바. 상담 계획 수립

EAP 상담은 상담 회기 수가 제한적이기 때문에 상담이 시작되기 전에 회기 수를 고려하여 어떻게 상담을 진행할지 계획을 수립해야 효율적인 상담을 진행할 수 있다. 상담 계획을 수립할 때 고려할 사항은 다음과 같다.

- 상담의 주제는 무엇으로 할 것인가?
- 내담자와의 첫 상담에서 마음의 문을 어떻게 열 것인가?
- 내담자와의 첫 상담에서 EAP전문가의 신뢰성은 어떻게 가져올 것인가?
- 회기마다 상담을 어떻게 진행할 것인가?
- 어떻게 상담을 해야 효과적으로 문제를 해결할 수 있는가?

04 ㅣ 상담시작 단계

가. 상담주제 탐색

면대면이나 비대면 상담이 시작되면 가장 먼저 해야 할 일은 상담주제를 탐색해야 한다. EAP 상담에서 다루는 상담주제는 매우 다양하다. 대다수의 참여자들이 가장 많이 상담을 원하는 것은 직장 내에서의 직무 스트레스와 직장 내 인간관계에서 오는 스트레스에 대한 것이 가장 많다. 그러나 이것들 이외에도 자신에 관련된 우울증, 자존감 상실, 공황장애, 성격 및 성향적 문제, 성에 관련한 문제, 직장 내 괴롭힘 같은 상담주제도 있을 수 있고 이성교제, 결혼, 가족 문제, 부부갈등, 이혼, 자녀양육 및 교육, 부모봉양 등 자신 이외의 가족에 대하여 다양한 상담주제를 다룰 수 있기 때문에 내담자에 대한 이해 및 다양한 지식을 총동원하여 응답해야 한다.

따라서 상담사는 가장 먼저 내담자가 원하는 상담주제가 무엇인지를 정확히 파악하고, 그에 따른 상담사례와 선행지식을 활용하여 상담을 진행해야 한다. 자신이 부족한 지식에 대해서는 관련 정보를 수집하여 상담에 활용해야 한다.

나. 상담 안내

상담을 위한 첫 만남에서는 내담자가 안정감을 갖고 지속적으로 상담에 참여시키기 위하여 상담 진행 과정에 대하여 안내를 해야 한다. 상담 진행 과정에 대한 안내는 다음과 같이 하는 것이 좋다.

- 상담 계약 내용
- 상담의 목적
- 상담 진행 과정
- 상담제공회기와 상담기간
- 상담 방법
- 상담 장소
- 상담 일시 변경 및 취소 방법
- 노쇼 시 차감

- 상담내용에 대한 비밀보장 고지
- 심리검사 실시 여부
- 상담 연장 시 상담 비용
- 상담 시 내담자의 자세
- 기타

다. 상담계약서 작성

내담자가 상담에 대한 안내를 듣고 상담에 동의하게 되면 상담계약서를 작성하도록 한다. 상담계약서는 상담을 받는 내담자에게 상담에 대한 기대수준을 확인하고, 상담이 어떤 것인지, 상담에서 내담자가 도움을 받을 수 있으려면 어떻게 해야 하는지에 대한 방법을 안내함으로써 상담에 최대한 집중할 수 있도록 돕는다.

내담자가 상담계약서를 작성하면 바로 상담을 진행하게 됨에 따라 내담자는 계약서대로 상담이 진행된다는 신뢰감과 안정감을 가지고 상담에 참여할 수 있다.

라. 심리검사

상담으로 문제 해결을 위한 가장 중요한 조건은 내담자가 가지고 있는 문제를 정확히 진단하는 것이다. EAP전문가는 내담자가 가지고 있는 문제를 빠르고 정확하게 진단하기 위해서는 심리검사 결과를 가지고 진단하는 것이 좋다. 내담자에게 심리검사는 자신을 이해하는 데 도움이 된다. 심리검사를 하게 되면 더 많은 이야기를 내담자로부터 이끌어낼 수 있고, 상담자를 객관적으로 볼 수 있기 때문에 심리검사는 매우 중요하다.

심리검사는 일반적으로 상담을 하기 전에 사전 검사를 하고, 상담을 끝낸 후에 사후 검사를 하는 것이 좋다. 사전 검사는 내담자와 첫 만남에서 상담 주제가 결정되면 그에 따른 심리검사를 실시한다. 사후 검사는 상담을 종료하기 전에 상담을 통해서 얼마나 변화가 되었는지를 측정하기 위해서 진행한다.

스트레스와 자존감, 우울증, 대인관계와 같은 기본 심리검사는 먼저 EAP 전문기관이 기업과의 계약에 의해 진행된 심리검사 결과를 받아 심리상담 자료로 활용한다. 만약 상담주제에 필요한 심리검사를 EAP 전문기관으로부터 받지 않았다면 EAP전문가는 상담 주제 맞는 상담을 위해서 필요한 심리검사를 한다.

심리검사에는 시간이 소요되기 때문에 회기 내에 심리검사를 하면 회기가 차감되기 때문에 심리검사를 집이나 직장에서 해오도록 하는 것이 좋다.

마. 사례개념화

사례개념화는 상담사가 상담이 시작되면 내담자의 심리검사 결과를 가지고 성격, 정서, 사고, 특징 등을 파악하여 상담사가 가지고 있는 이론적인 지식을 적용하여 내담자 문제의 성격과 원인에 대해 잠정적인 가설을 내리고 이에 기초한 상담목표 및 전략을 수립하는 것을 말한다.

EAP 상담은 대부분 단기상담으로 진행되기 때문에 상담자들은 단기상담에 적합한 해결중심상담을 사용하거나 절충한 이론으로 사례개념화을 진행해야 한다. 또는 직장인들의 통찰을 돕기 위해 인간중심이론을 사용하여 내담자에 대한 이해를 시도하되, 짧은 회기에도 구체적인 성과를 느낄 수 있게 해결중심, 표현예술상담 등으로 절충하여 사례개념화 및 진행해보는 것도 좋다.

상담이 단 회기이거나 3회기 이내의 매우 짧은 회기의 상담일 경우 별도의 사례개념화를 하지 않고 내담자의 해결하고자 하는 문제를 듣고 공감하고 내담자의 강점을 강화하는 방식으로 진행해야 한다.

바. 상대방에 대한 이해

내담자 스스로 자신의 문제를 명확히 알지 못하는 경우가 많기 때문에 EAP전문가는 상담을 통해 파악한 내담자의 신체적, 물리적 환경, 심리적, 지적, 기능적 발달 수준, 대인관계 상태, 가족, 직장, 기타 환경의 상태, 내담자의 상담에 대한 동기나 기대의 정도 등을 정확히 이해해야 제대로 된 상담을 할 수 있게 된다.

따라서 EAP전문가는 내담자를 이해하기 위해서 자신의 현재 상황이나 문제라고 여기는 것들, 가치관 등을 솔직하게 표현할 수 있도록 도와야 한다. 내담자가 상담한 내용 중에서 EAP전문가는 내담자가 가진 현상을 분석한 후, 거기서 비롯되는 문제가 무엇인지 파악할 수 있어야 한다.

자신이 직접 경험하지 않은 다른 사람의 감정과 상황을 거의 비슷한 수준으로 받아

들였을 때 상대방을 이해했다고 할 수 있는 것이다. 따라서 상담에서 내담자에 대한 이해가 바탕이 되지 않는다면, EAP전문가는 내담자와 효율적인 상담을 해 나가기 어렵다. 내담자에 대한 이해는 내담자의 말이나 행동에서 관찰될 수 있으므로, 상담사는 상담 과정 내내 내담자의 감정이나 태도 뿐 아니라 신념과 같이 쉽게 드러나지 않는 것까지 정확하게 분석하고 이해하기 위해 노력해야 한다.

내담자는 EAP전문가가 자신을 충분히 이해했다고 느끼게 되면, EAP전문가를 보다 신뢰하게 되는데, 이런 신뢰 관계는 내담자가 마음의 문을 여는 데 도움이 된다. 이를 위해서는 내용을 잘 듣고 있을 뿐 아니라 심층적 느낌까지도 이해하려고 노력한다는 사실을 내담자에게 보여주려고 노력해야 한다.

EAP전문가는 상담 중에 내담자를 이해하기 위해서 다음 사항을 유의하면서 상담을 진행하는 것이 좋다.
- 내담자에게 일어나는 감정을 표현할 수 있는 기회를 많이 준다.
- 내담자가 감정 표현을 할 수 있도록 적극적으로 유도한다.
- 소극적인 내담자는 감정 표현 자체에 박수나 칭찬을 해 줌으로써 자신감을 갖게 한다.
- 자신과 타인과의 감정은 다를 수 있으므로, 내담자 간에 서로 비교하지 않는다.
- 내담자의 감정 표현을 존중하고 격려해준다.
- 내담자 스스로 서로의 생각과 느낌이 다르다는 것을 인정해준다.

사. 일관적 성실성

정성스럽고 진실 된 품성을 성실성이라고 말한다. 성실성을 가지고 모든 상담 과정을 수행해야 하는 것은 EAP전문가가 마땅히 해야 할 일이다. 이를 일관적 성실성이라고 한다. EAP전문가 역시 상담 시 일관적인 성실성을 바탕으로 내담자를 대하기 위해 노력해야 한다. 그렇다고 EAP전문가의 모든 감정을 있는 그대로 모두 표현해야 한다는 것은 아니지만, 상담 과정에서 진실함과 일관성 있는 태도를 취해야 한다.

일상생활에서 우리는 남을 배려하기 위해 부정적 반응을 초래할 수 있다고 생각되는 감정 표현을 자제하거나 회피하곤 하며 심지어 거짓말을 하기도 한다. 그러나 이러한 솔직하지 않음이 오히려 부정적 결과를 초래할 수 있다는 것을 명심해야 한다. 그러므로 상담 중 내담자의 변화나 태도가 마음에 들지 않는다면, 솔직히 말하고 표현해서 문제를 해결하는 것이 바람직하다.

아. 상담 전문성 확보

어떤 분야에 대한 상당한 지식과 경험을 전문성이라고 한다. 성공적인 상담은 상담자가 자신의 분야에서 최고가 되겠다는 강한 의지와 노력에서 비롯된다.

EAP전문가 역시, 상담에 대한 전문성과 식견을 가진다면 큰 경쟁력을 보유하게 되는 것은 물론, 내담자에게 자연스럽게 신뢰감을 주게 되고 존경심까지 유발함으로보다 효율적인 상담이 이루어지게 된다.

전문성을 나타내는 방법은 내담자의 학력, 직업, 경제적 수준에 따라 알맞은 용어로 전개하는 것이다. 전문직을 가진 내담자라면, 통계적 수치를 통해 합리적이고 논리적으로 접근한다. 노동자 계층이라면, 반대로 이론적으로 접근하기보다는 긍정적이고 교훈적인 경험 사례를 통해 상담하는 것이 바람직하다. 직급이 높은 내담자는 합당한 예우를 해 주어 불쾌한 감정이 생기지 않도록 한다. 또한, 직급이 낮은 내담자도 자신이 대접을 받고 있다는 것을 상담받는 동안 느끼게 해 주어야 한다.

자. 상담취소 및 노쇼 처리

일반 상담에서는 상담 취소 혹은 노쇼가 빈번하게 일어나지만, EAP 상담에서는 직장인들이라 비교적 다른 상담에 비하여 사전연락 없이 불참하는 일은 많지 않다. 그러나 내담자가 급하게 상담을 취소하는 경우나 지각으로 인해 상담자가 기다려야 하는 경우를 대비해 놓아야 한다.

내담자가 급한 일로 상담을 취소한 경우에는 다른 날짜로 상담 약속을 다시 잡거나, 내담자가 편한 시간을 선택해서 온라인 채널을 이용하여 상담을 진행하는 것이 좋다.

사전 연락 없이 불참하는 경우를 줄이려면 상담자는 상담이 시작되기 전날 문자나 전화를 통해서 다음날 상담 약속이 잡혀있다는 내용을 공지하고, 참여할 수 있는지 의사를 묻게 되면 사전 연락 없이 불참하는 경우가 사라지게 된다.

차. 상담목표 설정

상담목표는 일반 상담과 마찬가지로 내담자와 함께 합의하여 정하게 된다. 내담자의 문제에 대해 충분히 듣고 내담자가 상담을 통해서 해결하고 싶어 하는 목표를 설정하도록 해야 한다.

상담목표를 설정할 때는 회기가 짧기 때문에 회기 안에 해결할 수 있는 목표를 설정해야 한다. 회기 수에 비해 시간이 오래 걸리는 큰 상담목표를 설정하는 것은 중간에 상담을 종료해야 하기 때문에 상담 기간 내에 문제를 해결하기 어렵고 상담 결과에 불만을 갖게 된다. 따라서 큰 상담목표를 설정하기보다는 내담자가 상담 기간 안에 문제를 해결하고, 상담을 통해 변화가 있었다고 느낄 수 있도록 작은 상담목표를 설정해야 한다.

05 ǀ 상담진행 단계

가. 문제해결

EAP 상담은 다른 상담에 비하여 회기가 정해져 있는 상담이기 때문에 정해진 회기 안에 내담자와 정한 상담목표에 도달하여 내담자가 가진 문제를 해결할 수 있도록 상담을 해야 한다. 따라서 회기마다 구체적인 상담목표를 설정하고, 상담목표에 도달할 수 있게 상담을 하여, 내담자가 회기마다 자신의 문제가 점차 해결된다는 느낌을 갖게 해야 한다.

짧은 회기 내에 모든 상담 목표를 해결하기 어려우면, 문제 해결에 도움이 되는 과제를 자주 내줌으로써, 내담자는 과제를 수행하면서 상담에서 했던 것들을 떠올리면서 도움을 받을 수 있게 된다.

과제는 내담자가 부담을 가지지 않을 정도로 짧은 시간을 효율적으로 사용할 수 있는 수면 기록, 일기, 감정 일지 같은 과제를 부여하는 것이 좋다.

나. 행동변화 촉진

상담의 가장 핵심은 내담자가 문제해결을 위해 자신이 설정한 목표대로 행동을 변화시켜가도록 촉진하는 것이다. 따라서 EAP전문가는 내담자의 행동 변화를 촉진하기 위하여 내담자의 잠재 능력의 위대함을 계속 일깨워주며, 서서히 변화하는 모습을 확인시켜 줌으로써 내담자에게 자신감을 심어주어야 한다. 이러한 자신감은 강한 동기를 부여하여 원하는 문제해결을 위한 목표를 달성하도록 도와준다.

그러나 EAP전문가가 아무리 변화를 촉진한다고 해도 내담자의 행동 변화를 가져오는 것은 쉽지 않다. 왜냐하면 사람은 지금까지 살아온 습관이 있으며, 세상을 살면서 자기도 모르는 사이에 편해지고 싶다는 사고가 굳어져 있기 때문이다. 누구든지 자신의 행동을 바꾸고 싶다면 우선 사고하는 '버릇' 혹은 '습관'을 점검하고 고쳐야 한다. 결국 행동을 바꾸려면 먼저 사고부터 전환해야 한다.

상담 중에 빠른 문제해결을 기대하는 내담자에게 상담 과정은 길게만 느껴질 수 있다. 그러나 문제해결을 위해서는 본인의 노력 여하에 따라 결과가 달라질 수 있음을 알려주어 적극적인 의지를 가지고 행동을 변화하도록 해야 한다.

성격이 급한 내담자는 바로 결과가 나오길 바란다. 따라서 상담 과정이 길면 길수록 실망을 느껴서 스스로 포기하는 경우가 있다. 그러나 지금 진행 중인 상담이 당장에는 의미가 없을지 모르지만, 나중에는 큰 도움이 될 수 있다는 것을 알려주며 인내를 갖고 상담에 참여하도록 해야 한다.

또한, 의지가 약한 내담자는 상담 도중에 자신의 생각과 다른 결과가 나타나면 쉽게 좌절할 수 있다. 이러한 상황에서는 조금만 인내하면 좋은 결과가 올 것이라는 희망과 기대감을 주어 상담에 참여하도록 해야 한다. 예를 들어 문제를 해결할 때 얻을 수 있는 위치나 이익에 대하여 이미지 트레이닝을 해보면, 변화하고 싶은 행동을 유발하는 효과가 있다. 또는 반대로 문제를 해결하지 못하거나 중간에 포기했을 때를 상상하게 해보면, 자신이 불행해질 수 있다는 생각이 들어 문제를 해결하려는 적극적인 동기를 유발하는 효과를 가져 온다.

06 | 상담종결 단계

가. 피드백

상담 종결 시에는 EAP전문가가 내담자에게 상담 기간 동안 다뤄왔던 내용에 대해 정리해 주고, 상담 초기에 정했던 상담목표가 얼마나 달성되었는지, 상담 결과 내담자가 가진 문제가 얼마나 해결되었는지를 확인하는 것을 피드백이라고 한다. 피드백을 하는 이유는 지금까지 상담의 목표를 세운 대로 얼마나 달성했는지를 평가하고, 그에 따라 부족한 부분을 상담해주기 위해서 하는 것이다.

나. 변화와 성장 확인

상담을 종료하기 전에 EAP전문가는 상담 기간 동안 내담자의 변화와 성장에 대해 설명해줌으로써, 내담자가 상담을 통해 좋아졌다는 인식과 상담에 대해서 긍정적인 인식을 갖게 해야 한다.

또한, 내담자가 상담 기간 동안 상담에 대한 긍정적인 인식을 가질수록 상담 종료 후에 작성하는 만족도 조사에서 긍정적으로 답을 하고, 반드시 상담을 통해서 내담자가 상담목표에 도달하거나, 문제가 해결되었다는 것을 확인할 수 있도록 설명해주어야 한다.

다. 연장 협의하기

상담 종결 시까지 내담자의 상담목표에 현저히 도달하지 못했을 때 내담자가 회기연장을 요청하는 경우 상담자가 연장여부를 협의한다. 그러나 EAP전문가가 판단하여 상담이 더 필요할 경우 내담자에게 상담을 연장할 것인지 의사를 물어서 연장을 하는 것이 바람직하나, 비용이 들기 때문에 반드시 내담자의 동의를 구해야 한다. 상담 연장을 잘못하게 되면 EAP전문가가 유료상담을 권유한 것처럼 보일 수 있으며, 그로 인하여 컴플레인이 발생할 수 있기 때문에 신중하게 동의를 구해야 한다.

연장하기로 협의하였다면 EAP 전문기관에 회기연장 가능여부와 연장의 기준을 확인하고 진행해야 한다. 만약 EAP 전문기관에 확인하지 않고 임의로 진행하게 되면

분쟁의 소지가 발생하게 된다.

내담자가 유료상담에 대하여 부담을 느끼면 더 유료상담에 대한 안내를 하지 말고, 무료상담을 받을 수 있는 기관을 안내해주거나, 다음 연도에도 올해 계약된 EAP 전문기관과 재계약된다는 가정하에, 자신을 다시 찾으면 상담이 이어질 수 있다는 것에 대해 안내해 주어 내담자의 부담을 덜어주어야 한다.

라. 상담 종결

상담 종결은 내담자가 가지고 있던 문제가 해결되어 내담자가 상담 결과에 만족하고 상담을 마쳐도 무리가 없을 단계에서 상담을 끝내야 한다.

물론 EAP 상담은 처음에 주어진 회기를 모두 마치면 상담을 종결해야 하지만, 종결은 주로 EAP전문가의 상담목표에 조기에 도달하였다는 판단이나, 내담자의 제안에 의해서도 상담을 조기에 종결할 수도 있다.

상담을 종결하기 위해서는 상담 기간 동안 부족한 점이 없도록 해야 하며, 내담자가 상담 결과에 대한 만족감을 크게 갖도록 해야 한다. 상담 기간 동안 상담목표에 도달했다고 해도 상담 종결을 잘못하게 되면 내담자가 불안해하거나 지루함을 느낄 수 있으므로 마지막까지 내담자의 만족을 위하여 최선을 다해야 한다.

07 | 상담결과 평가 단계

가. 상담기록하기

EAP 상담은 EAP 전문기관에서 EAP전문가에게 상담을 위탁하였기 때문에 상담기록을 작성해서 보고해야 EAP 전문기관은 상담이 어떻게 이루어졌는지, 결과는 어떠했는지를 알게 되고, 상담 비용을 지불하는 근거가 된다. 그리고 EAP 전문기관은 상담기록을 모아 상담의 효과가 어떤지를 분석하여 계약한 기업에게 보고해야 할 의무가 있기 때문에 상담기록은 매우 중요한 자료가 된다.

상담기록을 하기 위해서 EAP전문가는 상담 종료 후에 작성하려면 상담 내용이 기억이 나지 않기 때문에, 매회기 마다 상담을 종료하고 나서 상담의 내용에 대해 메모해 두는 것이 좋다.

나. 만족도 조사

EAP 상담은 상담이 종료되면 EAP 전문기관이 상담에 참여한 내담자에게 직접 만족도 조사를 실시한다. 만족도 조사는 상담을 진행해온 EAP전문가의 전문성과 능력을 모니터링 하는 용도로 사용하기 때문에 내담자의 배정에 영향을 준다. 따라서 EAP 전문가는 상담 기간 동안 내담자가 상담 과정에 대해서 만족도를 높일 수 있도록 노력해야 한다.

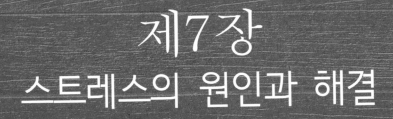

제7장
스트레스의 원인과 해결

01 | 스트레스의 정의

원시시대만 해도 인류에게 있어서 먹고, 자고, 생존하는 것 이외에는 스트레스가 생길 수 없었다. 그러나 농업혁명의 결과 정착 생활을 하게 됨에 따라 주거문제와 직업이라는 것이 생겨나면서 스트레스는 시작되었다.

과거에는 스트레스가 중요하지 않았다. 스트레스가 생길 역학 구조가 없었기 때문에 큰 스트레스를 받지 않았으며, 있다고 해도 사회적으로 큰 문제가 되지 않았다. 그러나 사회구조가 복잡해지고 급변하면서 그 안에서 발생하는 존재와 생존, 경쟁 등에 대한 스트레스가 증가하고 있다.

단순히 스트레스의 증가가 문제가 아니라 스트레스 증상으로 인해 발생하는 문제들이 개인의 문제로 그치는 것이 아니라 가정, 사회 전반에 심각한 문제를 초래한다는 점이 문제이다.

실제로 스트레스로 인하여 외형적으로 나타나는 증상들이 있기는 했지만, 구체적으로 증명하기는 어려웠다. 그래서 많은 연구에서 스트레스의 실체와 그 해악을 검증하려는 노력을 하였다. 그 결과 20세기 들어서서 정신신체 의학에 관심이 쏟아지면서 스트레스가 질병이나 정신 질환의 원인으로 간주되기 시작하였다.

우리는 스트레스라는 단어를 일상에서 자주 사용하고 접하지만, 스트레스에 대한 이해가 부족하고 막연하게 이야기할 때가 많다. 단지 스트레스를 정신적인 압박감이나 긴장 등이 오면 그것을 "스트레스를 받는다" 라고 표현한다.

스트레스의 어원에 대해서 알아보면 라틴어인 stringere(to draw tight, 꽉 조이다)에서 유래된 용어이다. 이것을 우리가 사용하고 있는 스트레스라는 말로 사용하게 된 계기는 캐나다의 내분비학자 H.셀리에박사가 처음으로 사람들이 평상시와 다르게 신체적 심리적으로 해로운 인자나 자극을 받는 현상을 보고 붙인 것이다.

여기서 해로운 인자나 자극을 스트레서(stressor)라 하고, 이때의 긴장상태를 스트레스라고 부른다. 즉 스트레스는 외부에서 오는 것이 아니라 내부에서 방어할 때 생기는 것이다.

그러나 엄밀하게 보면 스트레스는 사회생활 속에서 이루어지는 다양한 관계와 업무에 대하여 느껴지는 심리적 육체적 요구에 대한 개인의 적응 반응이다. 즉 스트레스는 자신이 지각한 위협에 대처하기 위한 신체적 정신적 긴장이므로 스트레스는 받는 것이 아니라 스스로 만든 것이기도 하다.

따라서 스트레스는 사람마다 똑같은 사안이라고 하더라도 이를 받아들이는 사람에 따라서 스트레스를 느끼는 인식정도나 스트레스의 강도가 다르다. 예를 들면 직장에서 상사가 주는 근무에 대한 압력에 대해서 어떤 이는 스트레스라고 느끼는 일인데도 어떤 이는 스트레스라고 전혀 느끼지 않기도 한다.

사람에 따라 스트레스에 대한 강도의 차이는 있다. 어떤 이는 스트레스가 찾아오면 적당한 흥분으로 받아 들여 일의 능률을 가져오기도 한다. 그러나 어떤 이는 남들이 보면 아무 것도 아닌 것을 가지고도 나쁜 스트레스라고 생각하여 우울하고 힘들어 하기도 하고, 매우 고통스럽게 여기며 살아가기도 한다. 자신이 느끼는 불안이나 긴장이 자신을 한 단계 업그레이드 할 수 있는 기회로 생각하고 긍정적으로 풀어가는 사람이 있는 반면 스스로 스트레스에 짓눌려서 좌절하고 부정적인 방법으로 회피하려는 사람이 있다.

결국 스트레스는 외부의 영향보다는 그것을 어떻게 받아들이는가에 따라 스트레스가 독이 되기도 하고 약이 되기도 한다. 즉 스트레스에 반응하는 태도 여하에 따라서 부정적으로 반응하면 해롭기도 하고, 긍정적으로 반응하면 이롭기도 하다는 것이다. 그러므로 스트레스에 대한 부정적인 생각부터 없애는 것이 좋다. 우리가 스트레스를 느끼고 이에 반응하는 것은 곧 우리가 스트레스를 관리하고 다스릴 수 있는 힘이 있음을 의미한다.

그러나 긍정적으로 스트레스를 받아들이던 사람도 외부의 자극에 대해 자신이 감당할 능력이 약화되고 장기간 반복적으로 노출되면 스트레스는 만성화되어 불안과 우울감을 일으키고, 자율신경계의 지속적인 긴장을 초래하여 정신적·신체적인 기능장애나 질병을 유발시킨다. 특히 노이로제 또는 심신장애의 병적인 증상이 진행되거나 악화되어 온갖 장애와 만성질환을 일으키는 심각한 원인이 된다.

스트레스는 어느 한 시기에만 나타나는 것이 아니라 인간의 전 생애에 걸쳐 나타난다. 특히 중년기에는 심장병, 위궤양, 고혈압, 당뇨병 등 성인병의 원인으로 작용하고, 노년기에는 신경증, 심신증 등을 초래해서 우울하게 만든다. 따라서 그 누구도 스트레스를 피해서 살 수 없으므로, 평생 스트레스를 이겨내고 다스리기 위해서는 스트레스를 해소할 수 있는 방법을 찾으려 노력해야 하고 스트레스를 즐겁게 받아들이려는 마음가짐이 중요하다.

02 I 스트레스의 원인

　오늘날과 같이 세상이 너무나 빠르게 변화하고, 개방적이고, 투명한 사회를 살아가노라면 각종 스트레스에 휩싸이지 않을 수 없게 된다. 중요한 것은 이렇게 쌓인 스트레스가 신체적 문제뿐만 아니라 정신적 문제의 심각한 원인이 된다. 스트레스가 심해지면 신체적으로나 정신적으로 안정감이 깨지며 조그마한 자극에도 고함을 치고 화를 내는 등 과잉반응을 일으키기도 한다. 흔히 직장에서 일이 잘 풀리지 않거나 상급자로부터 심한 질책을 받은 사람이 귀가해서 자기 부인이나 자녀들에게 이유 없는 신경질을 부리는 경우가 많다. 따라서 지속적으로 스트레스를 받게 되면 인격의 왜곡이나 변화, 부정적인 대인관계, 의욕상실 등으로 일상생활이 어려워진다.

　스트레스를 일으키는 원인을 스트레서(stressor) 또는 유발인자(trigger)라고 한다. 스트레스의 원인을 알고 그 원인만 제거한다면 스트레스는 다스릴 수 있다. 예를 들어 어두움 때문에 스트레스가 생기면 불을 밝히면 되고, 불충분한 수면으로 인해 오는 스트레스는 잠을 충분히 자면 되기 때문이다.

　스트레스의 원인은 여러 가지가 있지만, 이들을 크게 외적원인과 내적원인으로 나눌 수 있다. 우선 외적원인은 물리적 환경, 일상 환경, 직장환경, 가정환경, 학교환경 등 외부환경의 변화나 압력에 의해서 받는 스트레스라고 할 수 있다. 이들을 자세히 보면

　물리적 환경에서는 소음, 강력한 빛, 어두움, 더위와 추위, 좁은 공간 등과 같이 인간이 살아가는 데 불편한 환경에서 스트레스가 생긴다.

　일상 환경에서는 카페인, 불충분한 잠, 피곤, 부당한 대우, 남들과의 비교, 분실, 사고 및 사건, 기계의 고장, 배신, 사기, 재해 및 재난, 경제적 어려움 등과 같이 불편한 환경에서 스트레스가 생긴다.

　직장 환경에서는 규칙·규정·형식, 통근, 승진, 직장상실, 과중한 업무, 바쁜 스케줄 등과 같이 불편한 환경에서 스트레스가 생긴다.

　학교 환경에서는 집단 따돌림, 성적 하락, 불합격, 상과 벌 등과 같은 불편한 환경에서 스트레스가 생긴다.

　내적원인은 비관적인 생각, 자신감 상실, 깊은 사고, 부정적인 생각, 비현실적인 기

대, 독선적 성격, 과장 및 경직된 사고, 완벽주의, 자아도취, 비정상적인 사고, 자존감 상실, 무기력 등 자신의 내부적인 특성 때문에 받는 스트레스이다.

이들 스트레스의 발생 원인인 외적원인과 내적원인은 서로 별개의 것으로 보이지만, 잘 살펴보면 서로 연계성이 있기 때문에 스트레스의 원인을 분석하기 위해서는 두 가지 원인을 골고루 고려해야 한다.

이외에도 질병이나 고통 또한, 많은 스트레스를 준다. 심한 경우에는 병을 걱정하는 스트레스 때문에 다른 병이 생기는 수가 있다. 실제로는 병이 없는 데 병이 생길까 봐 미리 걱정하는 사람은 자신에게 스트레스를 계속 주게 된다.

한편 대부분의 병은 고통스럽기 때문에 스트레스에 더 취약하고 신체 기능이 약해지면서 좌절감과 심리 상태가 불안해지는 악순환이 된다.

<표 7-1> 스트레스의 특징

구분		항목
외적 요인	물리적 환경	소음, 강력한 빛, 어두움, 더위와 추위, 좁은 공간
	일상 환경	카페인, 불충분한 잠, 피곤, 부당한 대우, 남들과의 비교, 분실, 사고 및 사건, 기계의 고장, 배신, 사기, 재해 및 재난, 경제적 어려움
	직장 환경	규칙.규정.형식, 통근, 승진, 직업상실, 과중한 업무, 바쁜 스케줄
	가정 환경	배우자.자녀.부모와의 갈등, 친인척의 생로병사
	학교 환경	집단 따돌림, 성적 하락, 불합격, 상과 벌
내적요인		비관적인 생각, 자신감 상실, 깊은 사고, 부정적인 생각, 비현실적인 기대, 독선적 성격, 과장 및 경직된 사고, 완벽주의, 자아도취, 비정상적인 사고, 자존감 상실, 무기력

　대인관계에서 오는 갈등도 아주 심한 스트레스를 안겨준다. 주로 상대방에 대한 기대 심리가 충족되지 못했을 때 발생한다. 이러한 생각들은 분노를 일으키고 많은 에너지를 소모시켜 몸과 마음은 피로하게 된다.

　이로 인해 일에 집중하지 못하고 의욕이 없어져 자연히 경쟁에서 뒤떨어지게 된다. 그리고 자기주장을 못하고 우유부단한 사람, 완벽주의 성향을 가진 사람, 어떤 결정을 하는 데 오래 걸리는 사람은 상대적으로 더 심한 스트레스를 받는다. 또한, 상대방의 무리한 부탁에도 거절을 잘 못하는 사람 역시 손해를 보고 스트레스를 받으면서 몸과 마음이 지쳐 버리는 경우가 많다.

　이처럼 스트레스는 매우 다양한 원인으로 발생한다. 스트레스가 발생하면 바로 그 원인을 찾아내 해소하고 스트레스를 다스릴 수 있는 방안을 적극적으로 찾아야한다. 그러나 스트레스가 정도 이상으로 찾아오게 되면 원인이나 다스리는 방법을 찾을 여유가 없어지고 스트레스로 인해 고통을 받게 된다.

　그렇더라도 최소한 스트레스를 받던 때의 사건, 상황, 생각, 감정 등을 기록해 두었다가 마음이 평온해졌을 때 스스로의 생활형태, 스트레스의 원인 등을 객관적으로 파악하고 똑같은 스트레스가 생겼을 때 어떻게 해야 스트레스를 받지 않을 수 있는가 해결책을 만드는 것도 좋은 방법이다.

03 ㅣ 스트레스의 특징

스트레스는 마음의 병이다. 똑같은 상황에서도 개인의 성향과 심리적 대처능력에 따라서 스트레스를 받는 정도는 크게 차이난다. 즉 스트레스는 개인차가 크다. 그러므로 스트레스는 그 자체가 문제가 되는 것이 아니라, 이에 어떻게 반응하느냐가 중요한 것이다.

자신의 목표에 도달하지 못했다고 모든 사람이 자신의 삶을 포기하지는 않는다. 외부 환경에 대한 수용태도가 문제가 되는 것이다. 따라서 스트레스는 관리할 수 있는 대상이며 그렇지 못할 경우 스트레스로 인한 육체적 정신적 문제가 발생할 수 있다는 점을 기억하고 이에 대한 대처 능력을 키워야 할 것이다.

스트레스를 받는 정도의 차이를 분석해 보면 내성적인 사람이 외형적인 사람보다 스트레스를 잘 받으며, 부정적인 사고를 가진 사람이 긍정적인 사고를 가진 사람보다 스트레스를 잘 받는 편이며, 강박관념을 가진 사람이 여유로운 사람보다 스트레스를 잘 받는 편이다.

또한, 주관적으로 생각하는 사람이 객관적으로 생각하는 사람보다 스트레스를 잘 받으며, 예민한 사람이 둔한 사람보다 스트레스를 잘 받으며, 이기적인 사람이 이타적인 사람보다 스트레스를 잘 받으며, 업무에 있어서 완벽함을 추구하는 사람이 업무를 대충하는 사람보다 스트레스를 잘 받는다고 할 수 있다.

또한, 스트레스에 자주 노출되어 해결해 본 사람은 스트레스를 쉽게 조절하고 해소할 수 있지만, 스트레스를 느껴 본 경험이 없는 사람은 스트레스에 대한 압박을 크게 느끼게 된다.

식습관적으로 인스턴트 음식을 즐겨 먹는 사람은 자연음식을 먹는 사람보다 스트레스를 많이 받는다. 물론 이러한 차이는 사람의 성격이나 체질에 따라 다양하게 나타날 수 있다.

체질적으로는 태음인과 소음인은 스트레스에 민감하고 영향을 받지만, 태양인과 소양인은 스트레스에 크게 영향을 받지 않는 체질이라고 할 수 있다.

<표 7-2> 스트레스의 특징

구분	스트레스를 잘 받는 사람	스트레스를 잘 받지 않는 사람
성격	내성적	외형적
	부정적	긍정적
	강박	여유
	주관적	객관적
	예민한 사람	둔한 사람
	이기적	이타적
	완벽	대충
경험	없음	많음
식습관	인스턴트 음식	자연 음식
체질	태음인과 소음인	태양인과 소양인

이처럼 스트레스는 똑같은 사건으로 똑같은 경험을 직접 했다 하더라도 스트레스를 받아들여지는 강도는 사람마다 다르다. 선천적으로나 후천적으로 신경이 예민한 사람, 외부자극에 민감한 사람들은 심한 상처를 받게 되고, 부정적인 생각으로 매사에 걱정하는 습관을 가진 사람은 사건자체를 확대 해석하여 스트레스를 더 크게 받게 된다. 이는 자신이 스스로 만들어내는 스트레스로 깊은 상처를 받게 되는 것이다.

04 | 좋은 스트레스와 나쁜 스트레스

스트레스는 나쁜 스트레스(Distress)만, 있는 것이 아니라 좋은 스트레스(Eustress)도 있다. 사람은 스트레스가 없는 세상을 추구한다. 그렇지만 오히려 스트레스가 없는 것이 가장 나쁜 스트레스가 될 수 있다. 직

장을 다닐 때는 직장 내에서의 인간관계나 업무로 받는 스트레스 때문에 소화 불량, 만성 피로 증세가 나타나기도 한다. 그러나 퇴사나 퇴직 후 스트레스가 줄어들 것 같지만, 오히려 스트레스가 더욱 증가하여 암이나 성인병의 발생율이 높아진다고 한다.

사람은 여유 없는 직장 생활에서 오는 나쁜 스트레스에서 벗어나면 좋겠다는 생각을 하지만, 막상 직장을 그만두면 팽팽했던 긴장이 풀리고 몸과 마음의 균형이 무너지기도 한다. 또한, 명확한 목표가 없을 때는 긴장감으로 발생한 스트레스가 없어지면서 의욕이 떨어지기도 한다.

육상종목의 신기록은 조용한 연습장에서 수립되지 않고 오히려 수많은 관중들의 환호 속에서 이루어진다. 그것도 다른 선수와 치열한 경쟁 끝에 기록이 갱신된다. 학생들의 공부가 가장 효율적으로 잘되는 기간도 시험에 임박해서 스트레스를 받을 때이다. 결국 스트레스와 같은 적절한 자극이 있어야 삶은 활력을 되찾는 법이다.

나쁜 스트레스(Distress)는 스트레스를 부정적인 입장에서 보고 고통과 같은 의미를 주는 것으로 인식하는 것을 말한다. 이때 스트레스는 불안, 초조함, 두려움, 걱정 등의 상태와 거의 동일하다. 가령 사랑하는 사람의 죽음이나 이별, 경제적인 어려움, 질병이나 사고에 의한 손상, 지나친 업무, 경쟁에서 밀리거나 회사에서 쫓겨 나거나 거짓말을 해서 누군가에게 들킬 것 같은 초조함, 약속 시간을 지키지 못할 거 같은 두려움, 소음이 심한 환경, 진학의 실패, 자신에 대한 지나친 기대 등이 나쁜 스트레스의 예들이다.

나쁜 스트레스는 심리적으로 피곤하게 하며, 건강에도 치명적이고, 개인의 삶에 부정적인 영향을 미치기 때문에 사람들은 이러한 나쁜 스트레스를 피하고자 한다.

좋은 스트레스(Eustress)는 스트레스를 긍정적인 입장에서 보는 것으로 좋은 스트레스는 유쾌하고 만족스러운 경험으로부터 나온다. 가령 자신의 결혼식을 기다리거나 아이를 출산하는 일, 자녀의 결혼식을 기다리는 일, 인생에서 중요한 진학이나 취직, 승진, 상을 받는 것뿐만 아니라 새로운 집으로 이사를 하는 것, 중요한 스포츠 경기에서의 경쟁에 대한 기대나 무대에서의 연기, 또한, 일부의 사람들에게는 스트레스가 될 수도 있는 독서와 학습을 통해 스스로의 목표를 설정하는 것이나, 누구를 위해서 행복해지거나 잘되기를 바라는 소원 등도 이러한 긍정적 스트레스의 예시들이다.

스트레스는 인식 능력을 증가시키며 정신적 경각심을 증가시키고 우수한 인지적 및 행동적 수행을 가져온다. 즉 부정적 스트레스는 개인의 삶에 부정적인 영향을 미치기 때문에 사람들은 이러한 스트레스를 피하고자 한다. 그러나 긍정적인 스트레스는 개인으로 하여금 창조적인 작업을 할 동기를 부여하고 성장의 원동력이 되기도 한다.

<표 7-3> 스트레스의 특징

부정적 스트레스	긍정적 스트레스
사랑하는 사람의 죽음	자신의 결혼식
사랑하는 사람과 이별	아이의 출산
경제적인 어려움	자녀의 결혼식
질병이나 사고에 의한 손상	진학이나 취직, 승진
지나친 업무	상을 받을 때
경쟁에서 밀림	새 집으로 이사
회사에서 퇴직	경기에서의 경쟁에 대한 기대
거짓말	무대에서의 연기
시간약속에 늦음	독서나 학습
소음이 심한 환경	목표를 설정
진학의 실패	행복해지기를 기원할 때
자신에 대한 지나친 기대	잘되기를 바라는 소원

05 | 스트레스의 진실

사람은 언제부터 스트레스를 받았을까를 따진다면 그것은 인류의 시작과 함께 시작되었다고 할 수 있다.

인류의 역사를 진화론적으로 해석해 보면 인류의 시작은 원래 6억년 전 선캄브리아 대 후기의 해면동물로부터 시작하였다. 해면동물이 진화를 시작하여 척추동물이 되어 어류가 되었고, 데본기에는 양서류가, 그리고 이첩기(페름기)에는 파충류와 짐승형 파충류가 생겨났다.

짐승형 파충류가 포유류의 조상이며 포유류는 진화를 하여 5백만년 전에 인류의 조상인 유인원이 생겨났다. 350만년 전에는 사람과 비슷하게 생긴 오스트랄로피테쿠스가 생겨났다. 그다음은 호모하빌리스, 호모에르가스터, 호모 에렉투스, 호모 네안데르탈렌시스, 마지막으로 불과 1만년 전에 현 인류와 가장 닮은 호모사피엔스가 출현하면서 인류의 역사는 시작되었다.

이처럼 인류가 원생동물에서 출발하여 종의 진화와 어류가 물속에서 지상으로 나오게 하는 발전 과정을 보면 자연환경으로부터 자신을 지키거나 진화하려는 스트레스로부터 시작하였다고 할 수 있다.

하버드대학의 윌슨 교수는 우리가 스트레스를 받게 되는 근본적인 이유를 인간의 원초적 태생과 역사로부터 기인한다고 하였다. 인류학자와 고생물학자들에 의하면 인간은 약 5백만년 전 동아프리카의 사바나 숲에서 탄생하여 숲과 더불어 살아왔다. 그런 인간이 숲에서 나와 사회생활을 하게 된 것이 불과 5,000년도 안되었고 오늘날과 같은 도시생활을 하게 된 것은 전체 인간의 역사로 볼 때 얼마 되지 않은 일이라 도시 생활에 적응하려다 보니 스트레스가 생긴다고 하였다.

실제로 인간의 정신과 육체는 아직도 숲과의 조화로운 교류를 하던 생활에 맞도록 되어있다는 것이다. 인간은 오랜 역사를 통해 숲에서 생활해 왔고 숲 생활에 알맞은 생리적·심리적 코드를 지니고 있기 때문에 그 반대의 환경인 도시생활은 우리에게 육체적 심리적인 부담을 준다는 것이다.

꼭 인류학자나 고생물학자의 말을 빌리지 않아도 원시시대에 들어서는 추위라는 스트레스로부터 지키기 위하여 옷을 만들어 입게 되었고, 배고픔을 채워야 한다는 스트레스로 인하여 사냥을 하게 되었으며 머물고 싶은 욕구로 인해서 경작을 시작하게 된 것이다. 생산량을 증가시키기 위한 스트레스는 결국 도구를 발명하고 발전시키는 동력이 되어 구석기, 신석기, 청동기 시대로의 변화를 촉진시켰다는 것을 알 수 있다.

경작이 이루어지면서 인간은 한곳에 머무르게 되었고 가족이외의 집단생활이 본격적으로 시작되었으며 이로 인해 인간관계나 계급에 의한 스트레스가 생겨나기 시작하였다. 그러다 사람의 스트레스가 더욱 증가하기 시작한 것은 직업이 다양해지는 산업혁명 이후부터 다양한 직업에 종사하기 위하여 적응능력을 키우는데에서 스트레스가 증가하기 시작하였다. 그러나 산업혁명 이후에도 직업의 전환으로 인한 스트레스는 그리 크지 않았다. 직업의 종류가 그리 많았던 것도 아니고, 한번 직업이 영원한 평생직장이 되었기 때문이다.

스트레스가 사람에게 심각한 증상으로 나타나게 된 것은 바로 정보화 사회로의 사회적인 변화라고 할 수 있다. 정보화 사회로의 변화로 인해 우리의 삶도 변화된 사회에 빠르게 적응하도록 요구를 받고 있으며, 직업은 수도 없이 새로 생기고 없어지면서 직업 사이클에 변화를 요구하고 있다. 사람은 많아지고, 하고 싶은 일은 적음으로 인해서 날이 갈수록 생존경쟁은 치열해져가고 있다. 이로 인해 현대인들의 스트레스는 날이 갈수록 심해져가고 있다.

급변하는 사회와 다변화되는 직업에 적응해야 하는 인간은 더 많은 스트레스에 노출될 것이고 그 증상도 심해질 것으로 예측되고 있다는 것이다.

06 ㅣ 스트레스의 증상

사람마다 스트레스를 받는 정도가 다르듯이 증상 또한, 사람마다 다르고 복잡하게 나타난다. 스트레스를 받으면 우리 신체는 자동적으로 안정적인 평형상태를 유지하려고 한다. 뿐만 아니라 신체는 스트레스의 정도를 조절할 수 있지만, 아무리 사소한 스트레스에 대해서도 자신도 모르게 즉각적으로 반응하게 된다.

일단 스트레스가 발생하게 되면 스트레스원에 관한 정보가 뇌의 교감신경에 전달되어 모든 신체적 변화들이 스트레스에 대항해서 변화가 일어난다. 가벼운 증상들은 시간이 지나면 정상적인 상태를 회복하기 시작한다. 그러나 정상적인 회복을 위해서 신체는 매우 많은 에너지가 소모되는 데 스트레스의 강도가 높을수록 회복하는 동안 지치게 되고, 에너지를 많이 소모해 버리게 된다.

스트레스가 해소되지 않으면 몸에는 좋지 않는 여러 가지 증상들이 나타나게 된다. 스트레스의 증상은 외부에서 관찰할 수 있는 행동적인 증상과 신체적인 증상이 있으며, 외부적으로 관찰하기 어려운 정신적인 증상이 있다.

행동적인 증상으로는 입술 깨물기, 다리를 떠는 행동, 이빨 갈기, 충동적인 행동, 부자연스럽고 변덕스러운 행동, 자해 행위, 얼굴의 경련, 과잉반응, 말더듬기, 욕설, 머리카락, 귀, 코 만지기 등의 증상이 나타난다.

신체적인 증상으로는 요통, 변비, 설사, 현기증, 입의 건조, 지나치게 많은 양의 땀 흘림, 과도한 공복감(배고픔), 심한 피로상태, 졸도 혹은 기절, 두통, 가슴의 통증, 불면증, 근육경련, 구역질, 식욕상실, 가슴이 많이 뜀, 숨이 참(헐떡임), 피부발진, 손의 떨림(수전증), 배탈, 체하는 증상이 나타난다.

정신적인 증상으로는 분노, 불안, 무관심, 권태감(지루함), 우울, 피로, 죽음에 대한 두려움, 좌절감, 죄책감, 절망감, 적개심, 성급함, 주의집중이 안됨, 과민성, 타인으로부터 거부당한 느낌, 공황, 강박, 공포, 노이로제, 침착하지 못하는 등의 증상이 나타난다.

<표 7-4> 스트레스의 증상

구분	항목
행동적인 증상	일과가 불규칙함, 몸살, 술을 자주 마심, 담배를 자주 피움, 과식, 불평을 많이 함, 울기, 수면의 변화, 화를 냄, 악몽, 시간관념이 없어짐, 이빨을 갊, 손톱 물어뜯기, 반복적 행동을 보임 등
신체적인 증상	요통, 변비, 설사, 현기증, 입의 건조, 지나치게 많은 양의 땀 흘림, 과도한 공복감(배고픔), 심한 피로상태, 졸도 혹은 기절, 두통, 가슴의 통증, 불면증, 근육경련, 구역질, 식욕상실, 가슴이 많이 뜀, 숨이 참(헐떡임), 피부발진, 손의 떨림(수전증), 배탈, 체하는 증상
정신적인 증상	분노, 불안, 무관심, 권태감(지루함), 우울, 피로, 죽음에 대한 두려움, 좌절감, 죄책감, 절망감, 적개심, 성급함, 주의집중이 안됨, 과민성, 타인으로부터 거부당한 느낌, 공황, 강박, 공포, 노이로제, 침착하지 못하는 등의 증상

07 I 스트레스가 건강에 미치는 영향

외부의 자극에 의해서 느껴지는 스트레스의 메커니즘은 그렇게 간단하지 않다. 외부의 자극에 대해 반응이 순식간에 일어나서 간단하다고 느끼지만, 실제로는 아주 복잡한 일련의 과정들이 순간적으로 일어나는 것이다. 즉 외부의 자극에 대한 우리들의 스트레스 반응은 정신 심리, 내분비계, 자율신경계, 면역계, 각성, 기억, 대처, 운동계 등에 광범위하게 나타난다.

이들 중 가장 중요한 역할을 수행하는 것은 바로 뇌이다. 외부의 자극은 신경계를 통해서 뇌에 전달되고 이에 대해 각 반응들을 조절하기 때문에 반응의 중추부인 뇌가 큰 역할을 한다는 것은 너무도 당연한 사실이다. 그러므로 스트레스에 의하여 생긴 생체의 스트레스 반응을 이해하기 위해서는 스트레스 상황에서 뇌가 어떠한 반응과 변화가 이루어지는가에 대하여 먼저 이해하는 것이 중요하다.

외부의 자극에 의하여 스트레스가 발생하면 우리 뇌에서는 자동으로 신경 계통에 영향을 미치는 생물학적 반응이 일어난다. 따라서 스트레스를 받으면 평상시보다 신경계통을 많이 사용하게 되고, 심혈관계를 활성화해 혈관을 수축시키며, 심장박동수를 증가시켜 혈압이 높아지고 빨리 흥분되기 쉽다. 또한, 성장, 생식, 면역기능과 학습, 기억능력이 저하된다.

그러나 오히려 급성 스트레스를 받게 되면 대뇌에서는 기억과 학습능력을 향상하며 자율신경계 기능이 좋아지고, 체온이 상승되며, 일주기 리듬이 좋아지고, 통증을 지각하는 능력이 감소하는 것으로 알려져 있다. 따라서 극심한 스트레스를 받으면 아파도 아픈지를 모르게 되거나, 시험을 앞두고 기억력이 높아지는 원리와 같다. 그러나 외부의 스트레스의 경로와 양을 통제한다는 것은 불가능하기 때문에 스트레스의 긍정적인 기능은 매우 일시적이라고 보아야 할 것이다. 즉 급성 스트레스에 의해 주어지는 긍정적인 기능은 한정된 것이라 볼 수 있으며, 극심한 스트레스도 시간이 지나면 부정적인 스트레스로 전이된다.

또한, 스트레스가 면역기능을 저하하게 한다. 비애, 억울, 불안상태나 행동양식에 의한 스트레스는 자기의 면역능력에 영향을 주어 생체의 저항력을 저하해서 발병을 촉진 시키든가 예후를 악화시키게 된다는 것을 보여준다.

보통은 암이라는 질병은 유전적인 요소를 지니고 태어나는 사람에게서 더 쉽게 발병한다고 생각한다. 하지만 최근 들어서 이런 유전적인 요인을 가지고 태어난 사람들도 즐겁고 스트레스를 받지 않는 환경에서 생활하면 암에 걸릴 확률을 줄일 수 있다는 결과가 나오고 있다. 반면 건강한 사람도 스트레스를 받으면 각종 감염이나 암 등의 여러 질병에 쉽게 노출되어 자기 면역체계를 잃는다는 연구 결과가 있다.

일반적으로 스트레스가 정신적 문제에 영향을 준다고 생각하지만, 호르몬 활동에 직접 영향을 주어 결국에는 육체적인 문제까지 발생시킨다. 특히 호르몬 활동을 조절하는 뇌에 불규칙한 활동을 하게 만들고 내분비계에 영향을 주게 되므로 스트레스는 될 수 있는 한 피하는 것이 좋다.

08 | 스트레스의 자가 치유능력

　외부에서 스트레스를 받게 되면 우리의 신체는 대체로 외부에서 들어온 스트레스의 자극으로부터 우리 신체를 지키려는 노력이 자동적으로 이루어진다. 스트레스에 대한 자동적인 치유 반응은 우리 신체 내부의 항상성을 유지하기 위한 것이다.

　외부의 스트레스 자극에 대하여 내부의 항상성을 유지하기 위한 과정을 보면 다음과 같다.

　외부의 스트레스는 우리의 교감신경을 자극하게 되고, 교감신경은 혈당량을 조절하는 아드레날린선(腺)을 자극하게 된다. 아드레날린선의 자극은 아드레날린 호르몬과 노르아드레날린 호르몬을 분비하게 하는 작용을 한다.

　아드레날린 호르몬은 인간이 스트레스를 받게 되면 스트레스로부터 피하기 위한 대비책으로 심장박동을 증가시켜 혈액을 근육과 뇌로 보내고 산소를 운반하는 적혈구 세포의 이동을 증가시킨다.

　근육과 뇌로 보내진 혈액 속에는 베타엔도르핀이라는 신경 펩티드가 있어 스트레스로 인한 고통을 줄여주는 역할을 한다. 또한, 노르아드레날린 호르몬은 뇌의 감각중추를 자극시켜 인체가 스트레스를 받아들일 수 있도록 도와준다.

　이처럼 우리의 신체는 스스로의 방어 본능에 의하여 가벼운 정도의 스트레스는 자동적으로 치유할 수 있는 능력을 가지고 있다. 그러나 스트레스의 강도가 강할수록, 스트레스를 받는 기간이 길어질수록 단순한 교감신경계의 자극으로 끝나는 것이 아니라 내분비계 전체를 조절하는 뇌하수체호르몬의 분비를 자극하여 생리작용을 돕도록 한다.

　하지만 스트레스 반응은 기본적으로 생존을 위한 적응 반응이지만, 지나치게 오래 활성화되면 불안 장애나 우울증 증상을 일으킬 수 있으며, 신체적인 손상도 올 수 있다. 따라서 자동적인 방어 본능이 해결하지 못하는 일은 스스로 스트레스를 다스릴 수 있어야 한다.

한 가지 예를 들어보면 당신이 당신의 배우자와 다투어 스트레스를 받았다면 당신의 스트레스의 원인은 배우자의 행동이 아니라 당신의 비현실적인 기대 때문이라고 할 수 있다.

만약 당신의 배우자에 대한 기준을 변화시키며 배우자를 이해하고, 배우자가 싫어하는 일을 하지 않으면 서로에 대한 스트레스를 줄일 수 있고 조절할 수 있다는 것이다.

이처럼 스트레스를 치유하는 방법은 간단하다. 스트레스는 무조건 피하기보다는 스트레스를 다스리는 것이 정신 건강에 유익하며 좀 더 안정되고 주체적인 삶을 살 수 있을 것이다. 스트레스의 원인이 대부분 본인 스스로 만들어지는 내부적인 원인이기 때문에 스트레스를 극복하기 위해서는 스트레스의 원인을 먼저 이해하고 자기 스스로 변화하면 된다.

그러나 정신적 수련이나 훈련이 덜 된 직장인들에게는 자신의 스트레스 원인을 찾는 것은 어려울 뿐만 아니라 원인을 찾았다고 해서 그것을 해결하기 위한 의지가 있다 하여도 실천 능력이 부족하여 스트레스를 방치하게 되고 이로 인해 스트레스가 가중되는 경우가 많다.

따라서 스트레스를 방치하거나 무작정 참아내는 것보다 스트레스 원인을 객관적으로 파악하고 해소법을 적극적으로 찾아내어 다스리는 것이 현명한 해결방법이다.

09 | 스트레스의 해소 방법

오늘날 스트레스는 심각한 사회 문제로 떠오르고 있다. 직장인이건 주부이건 학생이건 현대인이라면 누구나 바쁘게 돌아가는 세상 속에 살아가면서 받는 스트레스로 인해 다양한 정신적 문제가 생겨나고 이를 넘어 신체 건강까지 위협하고 있다.

소음과 공해, 업무, 사람 사이의 관계, 재난과 사고, 교통체증 등 우리 주변에는 스트레스를 주는 요인들이 산재해 있다. 그러나 대체로 우리는 학교에서도 직장에서도 스트레스를 다루는 방법을 배워본 적이 없다.

현대인들은 지나친 스트레스에 시달리고 있지만, 스트레스를 조절하거나 해소하는 적절한 관리 방법을 알지 못하여 음주, 흡연, 약물 복용(수면제, 신경안정제)과 오남용, 과식 등과 같은 오히려 건강을 해치는 방법으로 스트레스를 해소하고 있다.

자신의 스트레스 원인을 찾고 생각할 시간도 부족할뿐더러 짧은 시간에 스트레스를 잊기 위해 좀 더 자극적이고 손쉽게 해소하려는 경향이 강하다. 이런 방법으로 스트레스를 일시적으로 해소할 수 있을지 몰라도 신체적·정신적 긴장감을 근본적으로 해결하지 못한다. 오히려 스트레스를 해결할 수 있는 능력을 저하할 수 있으며 마음의 안정을 빼앗을 수 있다.

취업포털 잡코리아(www.jobkorea.co.kr)가 '최고의 스트레스 해소법'에 대해 남녀 직장인 998명을 대상으로 공동 설문조사한 결과, 스트레스 최고 해소법으로 '스포츠나 헬스 등 신체단련 운동'이 14.3%로 1위로 조사됐다.

다만 성별에 따라 최고의 스트레스 해소법을 구분했을 때는 여성 직장인은 '마음 편한 사람들과 수다를 나눈다'가 18.3%로 스트레스 해소법 1위로 가장 많았고, 남성 직장인은 '술자리를 갖는다'는 음주문화가 18.2%로 1위로 가장 많았다.

그러나 '신체단련 운동을 한다.'로 응답한 남성 직장인은 16.8%, 여성 직장인은 11.4%로 나타나 남녀 모두 합치면 운동이 공통으로 스트레스를 해소하는 데 가장 효과가 있는 것으로 나타났다.

이외에도 남자 직장인은 '취미나 특기활동을 한다'가 15.9%, '잠을 잔다'가 10.4%

순으로 많았다. 여성 직장인은 '영화, 연극, 콘서트 등 문화생활을 한다'가 12.2%, '취미나 특기활동을 한다'가 10.5%, '잠을 잔다'가 10.5% 순으로 나타났다.

설문 조사를 분석해 보면 남성 직장인과 여성 직장인의 스트레스 해소 방법에는 다양한 차이가 있음을 알 수 있다. 주로 여성들은 감성적으로 스트레스를 해결하나 남성들은 동적인 일로 스트레스를 해소하는 것을 알 수 있다. 즉 여성들은 심리적으로 위안을 받는 것만으로도 스트레스가 해소되나 남성은 술을 마시거나 운동하면 스트레스가 해소된다는 것이다.

그러나 지금까지 설문 상으로 나타난 스트레스 해소 방법으로는 스트레스를 일시적으로 해소할 수는 있으나, 근본적으로 해결되는 것은 아니다. 단지 스트레스를 잠시 잊는 효과 정도이고 현실로 돌아오면 다시 스트레스가 발생하게 될 가능성이 높다. 스트레스를 근본적으로 해결하기 위해서는 무의식 속에 있는 자신부터 먼저 해소해야 한다.

스트레스를 해소하는 방법에는 다양한 방법이 있는데 이들 중에서 자신의 근본적인 스트레스를 해결할 수 있는 방법을 찾아내는 것이 제일 중요하다.

현재 효과가 입증된 스트레스 해소 방법에는 심리 혹은 정신 치료 요법, 바이오 피드백 요법(몸에 부착된 감지기를 통해 심박수, 근육 긴장, 호흡, 발한, 피부온도, 혈압, 뇌파 등의 생리적 기능의 변화를 알려주어 신체 기능을 의식적으로 조절하도록 유도하는 기법), 점진적 이완 요법(정신적 긴장이 근긴장을 가져오기 때문에 반대로 근긴장을 일정한 훈련에 의해 이완시킴으로써 정신적 긴장을 풀고자 하는 정신요법), 스트레스를 치료하기 위한 운동 요법(걷기, 달리기, 자전거 타기, 수영 등의 유산소 운동) 등이 있다.

이러한 방법들은 외적인 스트레스 요인들을 직접적으로 제거할 수는 없다 할지라도 개인이 각자의 삶 속에서 끊임없이 찾아오는 각종 스트레스를 올바르게 인식하고 이들이 건강에 미치는 나쁜 영향을 덜 받으며 지낼 수 있게 하는 방법들이다.

10 | 스트레스의 예방 방법

스트레스를 예방하려면 스트레스를 받지 않는 마음 자세를 갖는 것이 중요하다. 그러기 위해서는 먼저 규칙적인 생활과 건강한 생활리듬을 유지해야 한다. 또한, 흥미와 보람을 느낄 수 있는 취미 생활, 오락, 스포츠 등으로 스트레스가 생길만한 상황에서벗어나 긍정적 에너지를 축적하는 일정의 시간을 갖는 것이다. 자신의 삶에 주인의식을 갖고 충실하려는 노력과 습관을 가져야 한다.

내적인 스트레스 요인을 해결하지 않으면 외적 상황이 바뀐다고 해도 여전히 고질적인 스트레스가 또 다시 생성된다. 내적인 스트레스 요인은 부정적이고 경직된 사고방식, 일과 대인 관계를 곤란하게 만드는 개인적인 성격 특성, 건강을 해치는 생활 습관등을 포함한다. 그리고 치료되지 않은 우울증, 불안증 등 마음의 증상은 스트레스에 대처하는 능력을 현저히 떨어뜨린다.

또한, 스트레스로 인한 심리적 위기 상황에서 자신의 마음이 무너지지 않게 방어하는 것이 필요하다. 스트레스의 공격에 대해 가장 먼저 할 일은 나를 지키는 것이다. 스트레스로 인해 긴장하고, 걱정이 많아지고, 불안한 것은 어느 정도까지는 정상적이다. 적당한 위기감은 역으로 극복에 대한 동기가 된다. 그러나 스트레스 반응이 병적이어서 심한 우울증과 불안증으로 인해 대처 능력을 상실한다면 큰 문제가 될 수 있다.

스트레스를 예방하기 위한 다섯 가지 지침을 소개하면 다음과 같다.

첫째, 심리적으로 마음의 힘을 길러야 한다.

마음의 힘을 기르기 위해서는 먼저 자신을 정확히 알아야 한다. 자신을 정확히 알기 위해서는 항상 "나는 어떤 사람인가?", "내 성격은 어떤가?", "내 장점과 약점은 무엇인가?"라는 질문을 통해서 우선 자신의 능력이나 장점을 정확히 파악하고, 그것들을 자연스럽게 받아들이는 습관이 필요하다. 자신을 아는 것은 심리적으로 가장 강한 힘이 된다.

둘째, 다른 사람과의 대화를 즐겨야 한다.

내 마음 속에 있는 것을 다른 사람에게 털어놓다 보면 스스로 정리가 된다. 남들과 대화를 하다 보면 가끔은 기대하지 않은 좋은 조언도 듣게 되는 장점이 있다.

셋째, 건강한 생활 습관이 중요하다.

운동, 식사, 규칙적 생활, 휴식 등은 여유가 있을 때나 생각날 때만, 하는 것이 아니라 항상 일정한 시간을 내서 해야 한다. 그리고 마음과 몸의 건강을 가장 먼저 챙겨야 하고, 일에 의해 희생되어서는 안 된다.

넷째, 도움을 구해야 한다.

스트레스를 해결하는 가장 효과적인 방법은 전문가를 직접 찾아가는 것이다. 심리상담은 질병 치료의 수단이기도 하지만, 일차적으로는 자기 발전과 적응력 향상의 수단이다. 만일 이미 병적인 우울증이나 불안증이 아닌가 의심된다면 반드시 병원을 찾아야 한다.

다섯째, 마음을 다스려야 한다.

인생을 살면서 자기의 삶에 대해 만족할 줄 아는 사람은 스트레스가 잘 생기지 않는다. 스트레스는 남과 비교하면서부터 시작된다. 사람은 보통 자신의 약점과 타인의 강점을 비교하는 경향이 있다. 자신이 가진 강점과 삶에 더욱 집중하는 마음가짐이 중요하다.

여섯째, 종교를 갖는 것도 좋다.

종교는 일반적으로 절대자나 초자연적인 힘, 절대적인 진리, 즉 신적 존재를 숭배하고 추종하거나 그런 절대자의 힘에 의존하여 인간 생활의 고뇌를 해결하고 삶의 궁극적인 의미와 깨달음 등을 추구하는 등의 문화 체계이다. 따라서 종교를 믿음으로써 자신의 힘으로 해결하지 못하는 스트레스를 종교의 힘으로 치료할 수 있다.

제8장
치유 프로그램

01 | 치 유 프 로 그 램

급변하는 사회와 함께 치열한 경쟁은 다양한 심리적 문제를 야기하고 있다. 다양한 심리 문제가 생겨난 만큼 이를 해결하기 위한 다양한 치료 프로그램과 치유 프로그램이 생겨났다.

치료와 치유는 유사한 개념으로 혼용되고 있지만, 엄밀하게 말하면 다른 의미이다. 치유(Healing)는 개인이 능동적으로 좋은 심리 상황을 경험하는 것으로, '마음의 평온', '심리적 안정', '정신적 위로' 등을 의미한다. 반면 치료는 의료기관에서 검사, 진료를 받는 등 직접적이고 적극적인 의료행위를 포함해 병이나 장애, 문제를 완화하고 완치하기 위한 계획적 체계를 수립하는 과정과 활동을 뜻한다.

EAP 서비스에 제공되는 치유프로그램으로는 여행치유, 요리치유, 아로마치유, 미술치유, 음악치료, 스마트치유 등이 있다. 이러한 치유 프로그램들은 내담자의 다양한 정신적·정서적 문제를 치유하는 데 각각 장점을 가지고 있기 때문에 어떤 치유 프로그램이 가장 효과적이라고 말하는 것은 어렵다. 따라서 EAP 서비스에 제공되는 치유 프로그램은 기업의 요구나 내담자의 문제를 해결하는 데 가장 효과적인 치유 프로그램으로 선택해서 제공해야 한다.

<표 8-1> 치유 프로그램 간의 차이

구분	여행치유	요리치유	아로마치유
매체	여행	요리 재료, 요리 활동	아로마
대상	전체	전체	전체
성격	자기주도적	자기주도적	수동적
감각 자극	미각, 청각, 후각, 시각, 촉각 등 오감 자극	미각, 청각, 후각, 시각, 촉각 등 오감 자극	후각

경험	직접 경험	직접 경험	직접 경험
다양성	여행지, 여행방법, 여행 목적에 따라 다양	요리 재료, 요리방법과 목적에 따라 다양	아로마에 따라 다양
장점	• 교육기능 • 건강 기능 • 진단기능 • 치유 기능 • 치료 기능	• 협응력 • 대소근육 조절 능력 • 정밀한 조작능력 • 편식 습관 개선 • 위생관념 형성 • 예절 교육 • 스트레스 해소 • 도구 사용법 습득	• 스트레스 • 피로감 • 주의력 • 우울증

구분	미술치유	음악치유	스마트치유
매체	미술	음악	스마트 기기, 앱
대상	미술을 할 줄 아는 나이	전체	전체
성격	자기주도적	수동적	자기주도적
감각 자극	시각, 촉각	청각	시각, 청각
경험	직접 경험	직접 경험	직접 경험
다양성	미술로 한정	음악으로 한정	무한정
장점	• 협응력 • 대소근육 조절 능력 • 정밀한 조작 능력	• 마음 안정 • 스트레스 해소 • 악기 사용법 습득	• 마음 안정 • 스트레스 해소 • 피로감 해소 • 우울증 해소

02 ㅣ 여행치유

여행치유(Tour Therapy)는 내담자가 여행을 통해 자신의 정서적 상태를 긍정적으로 변화시키거나 심리적 문제를 치유하기 위한 다양한 형태의 체험을 제공하는 심리상담기법이다.

치유여행은 내담자의 정신적, 심리적 문제에 따라 여행지를 선택하고 여행 과정에서 치유될 수 있도록 한다. 따라서 여행치유는 개인이 가지고 있는 여러 정신적 외상이 활동 과정에서 표현됨으로써 긴장과 불안을 해소하게 한다. 더불어 정신적, 신체적 문제를 극복하고 해결하는 데에 도움을 주는 심리학적 치유법 중 하나라 할 수 있다.

가. 여행치유 방법

심리 치유의 일종인 여행치유는 여행을 통해 감정과 내면세계를 표현하고 여행이 주는 정서적 장점을 활용해 자연스럽게 심리적 문제를 해결하고 치유하는 방법이다. 말로 표현하기 어려운 생각이나 느낌을 여행에서 표현함으로써 안도감과 감정 정화를 경험하게 하고, 내면을 돌아봄으로써 자아 성장을 촉진하는 치유법인 것이다.

심리치유가 가능한 것은 자신이 가진 문제를 여행의 즐거움 속에서 능동적으로 치유할 수 있다는 데에 있다. 이러한 능동성으로 인해 더 강력한 효과를 기대할 수 있다.

여행치유는 여행의 장점을 활용해 내담자의 심리적, 행동적 문제를 자아표현, 자아수용, 승화, 통찰 등의 과정으로 해소함으로써 자아성장을 촉진하는 심리치유의 분야이다. 여행을 준비하거나 계획하는 단계에서도 일상의 스트레스를 해소하고 삶의 활력을 찾을 수 있기에 이는 여행치유의 시작이라고 할 수 있다. 더불어 여행 중이나 여행이 끝난 뒤 몸과 마음이 편안하고 행복감을 느끼거나 삶의 활력을 되찾았다면 이 역시 여행 치유라고 할 수 있다.

나. 여행치유의 진단

① 여행은 신체를 다양하게 움직여야 하기에 건강을 필요로 한다. 따라서 여행 과정에서 내담자의 움직임, 특히 걷는 모습과 이동거리를 통해 건강 수준과 근력 상태를 진단할 수 있다.

또한, 이동과 반응 속도에 따라 민첩성을, 손에 내리는 명령 일치도에 따라 협응력도 진단할 수 있다. 여행 중에 오감이 반응하는 모습을 통해서는 감각의 민감성과 상태를 진단할 수 있다.

② 언어능력은 다양한 언어를 구사하고 많은 문장 표현을 만들 수 있는 잠재적 능력을 의미한다. 내담자는 여행지와 경관에 대한 설명, 역사적 정보 등을 여행심리상담사에게서 듣고 대화를 나눈다. 이 과정에서 여행심리상담사는 내담자의 단어 및 어휘력을 진단할 수 있다.

③ 여행지에 대한 지식과 정보를 얼마나 이해했는지를 통해 인지 능력을 진단할 수 있다. 또한, 여행지에 대한 지리적 특성 이해를 통해 공간지각능력을 진단할 수 있으며, 여행 후 기억하는 여행지 정보량에 따라 암기력도 진단이 가능하다.

④ 내담자는 여행하는 동안 다양한 사람을 만나게 된다. 다른 사람과 대화하는 모습에서는 내담자의 성격, 인격, 소질, 능력, 대인 관계 능력 등이 자연스럽게 표출된다. 여행심리상담사는 이를 통해 내담자의 사회성을 진단할 수 있다.

⑤ 내담자는 여행을 하며 본래 갖고 있던 내면의 정서나 여행지에서 얻은 정서를 자연스럽게 드러낸다. 특히 자신의 감정이나 정서를 언어로 표현하기 어려운 경우 여행치유는 더없이 좋은 정서 표현의 수단이 된다. 여행심리상담사는 내담자의 표현을 통해 정서 상태를 진단할 수 있다.

⑥ 여행 과정에서 내담자의 정신적인 문제는 자연스럽게 드러난다. 여행심리상담사는 내담자의 행동과 정서 표현을 통해 정신적 문제점을 진단할 수 있다.

다. 여행치유의 효과

① 자신이 가진 정서적인 문제를 해결할 수 있다.

내담자가 여행을 하면서 기쁨, 슬픔, 불안, 좌절, 공포, 분노 등 다양한 감정이 표현되는데, 이렇게 다양한 감정표출을 통해 내담자의 정서 부적응이나 기타 문제행동이 자연스럽게 치유될 수 있다.

② 자신이 가진 문제의 불안과 긴장을 해소시킬 수 있다.

여행 과정에서 내담자가 자신의 심리적 문제를 자연스럽게 표현한다는 데에 있다. 심리적으로 불안하거나 스트레스를 심하게 받은 내담자는 여행 중에 아름다운 경관을 봄으로써 자연스럽게 불안과 긴장을 해소할 수 있다.

③ 자신이 가진 문제를 스스로 극복하게 돕는다.

여행치유는 여행하며 내담자가 가진 문제점이 무엇인지, 해결방법이 무엇인지에 대해 스스로 통찰력을 갖게 한다. 이러한 통찰은 자신이 가진 문제에 긍정적이고 적극적으로 대응하도록 유도함으로써 문제를 스스로 극복할 수 있게 한다. 예를 들어 자신감을 상실해 부정적인 생각을 많이 하던 내담자는 여행을 하면서 자신의 가치에 대해 새로운 생각을 가짐으로써 자신감을 회복하고 긍정적인 삶을 살 수 있다.

④ 심신을 정화 해준다.

여행치유는 내담자가 일상에서 벗어나 새로운 경험을 하고 앞으로의 생활을 재구성하도록 함으로써 마음을 정화하는 수단이 된다. 예를 들어 불편한 것에 대해 두려움이 많던 내담자의 경우 여행을 하면서 인식을 전환하여 불편함을 즐길 수 있게 되거나 적어도 싫어하지는 않게 될 수 있다.

⑤ 정서적으로 안정감을 갖는다.

여행이 주는 매력이 많기 때문에 여행치유는 내담자가 여행에 집중할 수 있게 한다. 여행에 집중하게 되면 내담자가 이전에 갖고 있던 정신적 문제를 망각함으로써 정서적 안정감을 가질 수 있다.

⑥ 신체적 기능을 회복한다.

질병이나 장애로 인해 신체기능이 손상되었다면 여행지에서 좋은 환경을 접하고 적절한 유산소 운동을 함으로써 원래의 기능을 회복할 수 있다. 여행치유는 개인의 정신적, 신체적 건강을 복원하고 향상하는 데에 도움을 준다.

⑦ 사회적 능력을 회복한다.

여행 과정에서 많은 사람을 만남으로써 사회적 능력을 회복할 수 있는 효과가 있다. 심한 우울증으로 대인 관계를 꺼리던 내담자가 여행을 통해 좋은 대인관계를 구축할 수 있게 된다.

03 | 요리치유

요리치유(Cooking Therapy)는 다양한 정신적인 외상들을 요리활동을 통해 표현하게 함으로써, 개인이 가진 긴장과 불안을 해소하고, 정신적, 신체적인 문제를 극복하고 해결하도록 도움을 주는 심리학의 치유방법 중 하나이다.

가. 요리치유 방법

요리를 통해 심리치유가 가능한 것은 요리하는 과정과 만들어진 요리가 우리 내면의 정신세계와 외면의 현실세계를 구체적으로 표현해주고, 또 그것을 먹을 수 있기 때문이다. 그래서 요리치유는 다른 어떤 치유에 비해 강력한 치유적 성격을 가지고 있다.

과거에는 먹고 살기 위한 생존적 차원의 요리였으나, 지금의 요리는 인생을 즐기기 위한 방편으로 여긴다. 따라서 요리는 그 자체만으로 인간에게 굉장히 흥미로울 수 밖에 없는 것이다.

요리는 누가 가르치지 않아도 기본적으로 습득 가능한 기능이기도 하고, 취미나 특기, 그리고 직업으로서도 각광받고 있는 분야이다. 이렇듯, 요리를 하는 것은 웬만하면 대체로 흥미를 가지고 있기 때문에 요리치유는 참가자들이 즐거운 분위기에서 적극적으로 임하게 된다는 점에서 쉽게 접근할 수 있는 교육이자 치유이기도 하다.

요리를 통해 심리치유를 할 수 있는 이유는 요리는 인간의 생리적 욕구를 충족시키는 중요한 통로이며 생활의 한부분이기 때문이다. 더욱이 매일 먹는 요리재료들은 자신의 심상을 표현해놓은 것이기도 하다. 하지만 요리는 생명을 유지하기 위한 활동이기도 하다. 그러나 자신의 상상력과 경험을 바탕으로 이루어진다는 데서 다른 치유와 근본적으로 다르다고 할 수 있다.

나. 요리치유의 진단

① 요리치유를 통해 내담자의 대근육 발달 정도, 근력상태를 진단할 수 있다.

② 요리치유를 통해 내담자의 언어능력을 진단할 수 있다.

③ 요리치유를 통해 내담자의 인지능력을 진단할 수 있다.

④ 요리치유를 통해 내담자의 사회능력을 진단할 수 있다.

⑤ 요리치유를 통해 내담자의 정서 상태를 진단할 수 있다.

⑥ 요리활동 자체가 진단의 대상이 될 수 있다.

다. 요리치유의 효과

① 요리치유에는 내담자의 기쁨, 슬픔, 불안, 좌절, 공포, 분노 등 다양한 감정이 표현되는데, 이렇게 다양한 감정표출을 통해 내담자의 정서 부적응이나 기타 문제행동이 자연스럽게 치유될 수 있다.

② 자신이 가진 문제의 불안과 긴장을 해소시킬 수 있다. 요리치유의 이론적 근거는 내담자가 요리치유를 통해서 자연스럽게 자신의 심리적 문제를 표현한다는 데 있다. 즉 심리적으로 문제를 지닌 내담자에게 요리치유를 시키면 내담자는 스스로 자연스럽게 요리를 하면서 자신의 문제를 표현하면서 문제의 불안과 긴장을 해소시킬 수 있다는 것이다.

③ 자신이 가진 문제를 스스로 극복하게 돕는다. 차츰 자신의 문제에 대한 통찰력을 갖게 될 수 있는데, 이러한 통찰은 내담자에게 좀 더 긍정적이고 적극적인 방향으로 문제에 대응하도록 이끌어줌으로써 결과적으로 문제를 스스로 극복하게 도와준다.

예를 들어 자신감을 상실해서 무엇이든 자신이 없다고 생각하는 내담자가 간단한 요리를 만들어냄으로써 자신감이 생겨 자신의 가치에 대한 생각이 전환되고 성공에 대한 강한 신념을 갖는 것이다.

④ 정화해준다. 요리치유는 내담자가 겪는 일상의 경험과 앞으로의 생활을 재구성함으로써 내담자가 본래 가지고 있는 가장 자연스러운 자기 치유의 수단이 될 수 있다.

예를 들면 편식이 심한 내담자가 요리치유를 하면서 평소 자신이 싫어하던 음식에 대한 인식이 바뀌게 되는 것이다.

⑤ 정서적으로 안정감을 갖는다. 요리치유는 재료를 가지고 조리법에 따라 요리를 만들기 때문에 일정한 시간이 소요된다. 따라서 인내력이 길러져 정서적 안정감을 유지할 수 있다.

⑥ 신체기능을 회복시켜준다. 요리치유는 질병이나 장애, 혹은 노화로 손상된 개인의 정신건강과 신체건강을 복원시켜주고 향상시켜 줄 수 있다.

예를 들어 심한 우울증으로 대인관계 유지가 어렵고, 집중력이 현저히 떨어져 직장생활을 제대로 수행할 수 없는 사람이 요리치유를 통해 이전의 기능이 회복될 수 있는 것이다. 또한, 손을 잘 쓰지 못하는 사람이 요리를 함으로써, 신체 기능을 회복하기 위한 의지가 생기거나 점차 나아질 수도 있다.

04 Ⅰ 아로마치유

아로마테라피(Aroma Therapy)란 향기라는 뜻의 아로마(Aroma)와 치유라는 뜻의 테라피(Therapy)가 조합된 향기 요법이다. 이는 약용 식물의 꽃, 잎, 줄기, 뿌리, 수지 등에서 추출한 특유의 향과 치유성분을 가진 순수 식물성 오일인 에센셜 오일(essential oil)을 활용해서 인간의 몸과 마음의 균형을 회복시켜 건강한 심신을 유지하는 자연치료요법 중의 하나이다.

아로마치유는 인류의 역사와 함께 해온 역사가 깊은 자연요법이다. 고대 그리스 로마 시대부터 사람들은 심신의 건강과 미용을 위해 천연식물 오일을 사용해왔고 중국 등 아시아 지역에서도 천연식물을 약재로 사용해왔다. 에센셜 오일을 추출하는 서양허브 중에 클로브버드, 샌달우드, 페널 등은 한의학에서 사용하는 정향, 백단향, 회향 등으로 불리며 쓰임새도 비슷하게 건강증진에 사용되어 왔다.

가. 아로마치유 방법

좋은 향을 맡으면 기분이 좋아지고 마음이 편안해 지는 경험을 해보았을 것이다. 숲속에 가면 자신도 모르게 숨을 깊이 들이쉬고 내쉬면서 호흡이 길어지고 편안해 진다든가, 우울할 때 신선한 오렌지 향을 맡으면 마음이 맑아지고 상쾌해 지는 경험은 누구나 쉽게 해보는 일이다.

이러한 경험은 과학적 근거를 통해 사실로 증명되었다. 강남성모병원 신경과 김영인 교수는 "향기는 후각 수용기에 감지돼 대뇌에 전달되고 대뇌 변연계로 가서 뇌하수체가 전신의 호르몬 밸런스를 조절 한다"며 변연계가 감정을 조절해 신경전달물질의 분비를 촉진하거나 악화시키기도 한다고 설명하고 있다.

한국표준과학연구원 등의 실험 결과 솔잎 향은 상쾌하고 편안한 기분을 가져오고 장미향은 기억력을 높이고 라벤더 향은 긴장을 풀어준다는 사실이 밝혀졌다.

독일의 야거와 부에트너 등은 일반적으로 아로마오일의 향을 흡입하는 것만으로도 5분 이내에 혈액에서 검출되고 20분 내에 최대치를 나타내며, 90분 후에는 대부분

제거 되어 뇌에 직접적인 영향을 미쳐 심리적 이완효과를 가져온다는 연구결과를 발표했다.

나. 아로마치유의 효과

① 스트레스가 심할 때

아로마치유의 치유효능은 통증완화, 항염, 항경련, 고양, 진정, 이완과 항바이러스 등을 가진 천연 향기로 심신을 조절하여 스트레스를 풀어주고 긴장, 우울, 불안, 불면, 외로움 등의 감정을 이완시켜준다.

에센셜오일이 피부를 통해 흡수되면서 피부의 탄력이 생기고 얼굴이 맑아지며 혈액이 잘 순환되고 대사기능이 활발해지고 호흡계의 기능도 강화될 수 있다.

정신적, 신체적, 감성적인 측면에서 심신의 건강을 증진시키는 전인적인 아로마치유는 이런 효과 때문에 쌓여있는 스트레스를 해소하거나 같은 상황이라도 스트레스를 받는 강도가 줄어들게 되어 삶의 질이 향상되는 것이다.

지나치게 흥분해 있거나, 마음이 차분해지기를 원할 때 중추신경계를 진정시키는 효능이 있는 에센셜오일인 카모마일, 클라리세이지, 시더우드, 프랑켄센스, 샌달우드, 라벤더, 마조람 등을 꼽을 수 있다. 반대로 기분이 너무 가라앉아서 우울함을 느낄 때 중추신경계를 자극시키는 효능이 있는 오일에는 로즈, 네롤리, 쟈스민, 버가못, 페퍼민트, 바질, 일랑일랑 등을 사용하면 좋다.

많은 오일들이 심신의 균형을 잡아주는 '조화를 이루어내는 물질'로 알려져 있다. 버가못, 레몬밤, 레몬 등과 같은 오일들은 신경을 안정시키지만, '정신'에는 활력을 불어 넣는다. 쟈스민, 일랑일랑, 네롤리 같은 오일들은 신경을 자극시키지만, 한편으로 감정을 안정시키거나 이완시킨다.

② 두통이 심할 때

스트레스로 인한 두통에는 진통제를 상습적으로 복용하는 것보다 스트레스 상태를 이완시키고 머리를 맑게 해주는 오일을 사용한다. 버가못, 바질, 카모마일로만, 레몬, 페퍼민트오일, 로즈, 로즈마리 등을 활용하는 것이 좋다.

③ 불면증이 심할 때

긴장을 풀어주고 편안함 잠을 유도하는 오일인 카모마일로만, 라벤더, 마조람, 오렌지를 사용한다. 사용방법은 저녁시간에는 거실에 오일버너로 발향하고, 자기직전에는 두피마사지나 목욕법도 좋고, 베개에 2방울 정도의 오일을 떨어뜨리는 것도 좋다. 오일의 향기를 취하면 머리의 통증이 완화되면서 깊고 편안한 잠을 자는 데 도움이 된다. 수면시간 1시간 전에 침실에 오일 버너를 미리 피워두어 향기 입자가 방안에 은은하게 퍼지게 하는 방법도 숙면에 도움이 된다.

05 ㅣ 미술치유

미술치유(Art Therapy)는 18세기 후반부터 유럽에서 정신 병리 진단 시 보조 도구로 사용되었다. 산업화로 인한 인간성 상실이 사회 문제 및 정신 병리적 문제로 대두되면서 20세기 중반부터 본격적으로 연구되었다.

심리치유 방법 중 가장 많은 연구와 임상을 거친 분야가 미술치유이다. 미술치유는 미술의 표현 방법과 치유라는 영역이 합쳐져 이론으로 정립된 것이다. 영어로 Art therapy라고 하며, 예술치유, 예술요법, 미술치유, 회화요법 등으로 번역된다. 그림 뿐 아니라 조소, 디자인, 공예, 서예 등 미술 전 영역을 포함한다.

미술치유의 목적은 개인이 가지고 있는 사회적 관계의 어려움, 거기서 비롯된 정서적 불안이나 문제 상황을 표출하게 함으로써, 개인의 내면적 문제를 발견하여 해결하도록 하여 건강한 삶을 영위하도록 돕기 위한 것이다. 한편, 개인의 무의식을 탐구하게 할 수도 있다.

미술치유의 진단 방법은 회화요법, 묘화 요법, 그림 요법 등 다양하다. 표현 방법에는 그림, 조소, 디자인, 서예, 공예 등이 있다. 다른 치유에 비하여 이러한 미술표현 방법들을 다양하게 혹은 복합적으로 활용할 수 있어 내담자의 상태를 보다 객관적으로 볼 수 있다.

미술치료의 장점은 다음과 같다.

가. 미술은 심상의 표현

우리는 말로 표현하기 전에 떠오른 심상(image)으로 사고한다. 예를 들어, 엄마라는 말을 하기 전에 엄마에 대한 심상을 떠올릴 것이다. 이렇듯 미술치유에서는 꿈이나 환상, 경험을 말로 해석하기보다 심상으로 그린다는 점이 독특하다. 그리고 생애 초기 경험이 중요한 심상의 요소가 된다.

나. 비언어적 수단

심상과 밀접한 관련이 있는 것이 방어기제이다. 우리는 우리의 심상을 언어화하는 데 익숙하다. 그 과정에서 방어기제가 발동되기 쉽다. 그런데 그림은 비언어적 수단이며 심상을 언어화하려는 데 작용하는 방어기제의 통제를 적게 받게 된다. 따라서 미술치유는 내담자의 방어기제를 감소시킬 수 있다는 이점이 있다.

그러나 때로는 창작자의 의도와 달리 혹은 완전히 반대로 그림이나 조소 작품이 제작될 수 있다. 이런 점이 미술치유의 가장 흥미로운 잠재성 중 하나인데, 이런 예상치 못했던 인식이 가끔씩 환자의 통찰이나 학습, 성장으로 유도될 수 있다.

다. 구체적인 유형의 자료

미술치유에서는 눈으로 볼 수 있고 손으로 만져 볼 수 있는 구체적인 유형의 자료가 내담자로부터 즉시 생산될 수 있다. 이러한 미술치유의 측면은 많은 의미를 가진다. 예컨대, 내담자가 만든 어떤 유형의 대상화를 통해서 EAP전문가와 내담자 사이에 하나의 다리가 놓인다. 저항적인 내담자라면, 내담자의 그림을 통해 접근하는 것이 더 용이하다고 할 수 있다.

또한, 내담자의 감정과 사고 등이 미술 작품을 통해 구체화되기 때문에 어느 순간 무의식중에 자신이 만든 작품을 보고 자신의 실존을 깨닫게 되기도 한다. 미술치유에서 어떤 내담자는 단 한 번의 작품에서 자신을 발견하기도 한다. 반면 저항이 강한 사람은 시간이 오래 걸린다.

라. 자료의 영속성

미술 작품은 보관이 가능하기에 내담자가 자신이 만든 작품을 필요에 따라 재검토함으로써, 치유 효과를 높일 수 있다. 이때 새로운 통찰이 일어날 수 있다. 또 내담자가 이전 작품을 다시 음미하면서 당시에 느꼈던 감정으로 돌아가기도 한다. 다시 말해, 미술 작품이 주관적 기억 왜곡을 방지할 수 있다는 말이다. 또한, 치유 과정에서 제작한 작품을 살펴보게 되면 작품 변화를 발견할 수 있고, 치유 과정을 한눈에 이해할 수 있다는 점에서, 치유하는 상담사는 내담자의 생생한 목소리를 들을 수 있는 장점이 있다.

마. 미술의 공간성

미술 표현은 언어와 달리, 문법이나 논법 등 규칙이 필요 없다. 시간적이지 않고 공간적이며 공간 속에서의 연관성들이 발생한다. 이를테면, 우리가 가족을 소개할 때에도 언어로 한다면, 먼저 아버지, 어머니를 소개하면서 두 분의 관계. 형제들과 그들의 관계 그리고 나서 이 모든 식구들과 나와의 관계를 순차적으로 말할 것이다. 하지만 미술로 표현한다면, 하나의 그림으로 동시에 가족을 소개할 수 있다. 또 가족 간의 친밀한 정도, 각 가족에 대한 개인의 느낌 정도, 가족의 성격, 가정의 분위기 등이 한 작품 속에서 한 번에 소개가 될 수 있다는 말이다.

바. 창조성과 에너지

대체로 미술 치유를 하기 전에는 내담자의 신체적 에너지가 다소 떨어져 있다. 하지만 미술 작업을 진행하고, 감상하고, 토론하며, 정리하는 과정에서 참가자들은 대부분 활기찬 모습으로 바뀐다. 따라서 미술 작업은 단순한 신체적 움직임이 아닌 창조적 에너지가 발산되는 것이라 볼 수 있다.

미술치유의 효과를 보면 다음과 같다.

① 내담자가 그린 그림 속에는 자신만의 감정과 생활을 반영한 비언어적 표현이 감추어져 있다. 따라서 자유로운 그림 표현을 통해 내담자는 자신의 속마음을 거부감 없이 내놓는 동시에 언어가 주는 표현의 어려움과 두려움의 완충제 역할을 해주기 때문에 우울증을 감소시킨다.

② 내담자가 가질 수 있는 불행한 자기감정이나 고독감을 창조적인 미술치유 활동을 통해 감소시킬 수 있다. 내담자는 결과물을 보며 자신이 성취하였다는 뿌듯함과 기쁨을 누리게 되는데, 이러한 감정은 자기효능감을 갖게 함으로써 삶에 대해 긍정적인 시각을 가지도록 한다.

③ 치매환자의 경우라면, 붓이나 펜 등의 미술도구를 사용하면 내담자의 굳어진 소근육을 사용하게 하므로 신체적으로도 건강에 도움을 준다.

④ 미술은 평면적이고 입체적인 활동을 통해 시각적 집중력과 발달을 도와줌으로써 공간지각능력을 높인다.

⑤ 미술치유 활동을 집단으로 하면 내담자는 집단구성원으로서 소속감을 가지고 집단의 공통적 어려움을 공유하게 된다. 또한, 자신의 행동을 집단의 피드백을 통해 알게 되므로 타인에게 미치는 서로 간의 행동에 관심을 가지면서 자신의 내면에서 일어나는 감정변화에 따른 행동변화에 영향을 미친다.

⑥ 타인에게 자신을 표현하는 데 어려움을 가진 내담자는 그림이라는 매체를 통해 의사소통할 수 있으므로 좀 더 쉽게 원만한 대인관계를 형성할 수 있다.

⑦ 합동으로 작품을 만드는 미술활동에 참여하면 협동의식을 통해 타인의 감정을 인식하고 이해함으로써 적절한 대인관계를 개선시킬 수 있다.

06 Ⅰ 음악치유

음악치유(Music Therapy)는 음악을 매개체로 하여 내담자를 도와 건강을 회복시키거나, 개인의 문제를 해결한다거나, 변화를 이끌어내는 치유 과정을 말한다. 치유의 방도로서 음악을 사용한 것은 플라톤이나 아리스토텔레스가 살았던 시대에도 있었을 정도로 오래된 일이다.

본격적으로 음악치유가 시도된 것은 20세기, 제2차 세계대전 이후부터라고 할 수 있다. 전문 음악가는 물론, 아마추어 음악가들이 전쟁 속에서 육체적, 정서적 장애를 얻어 고통 받고 있던 수많은 재향군인들을 위해 연주를 하면서 시작되었다. 음악을 듣고 싶어하는 내담자들이 욕구는 의사와 간호사들을 움직여 병원에 음악인을 고용하게 만들었다. 그리고 음악인들이 내담자들의 치유를 위해 병원에 들어가기 전, 훈련이 필요하다는 것이 중요하다고 증명되었으며, 마침내 1944년에 미국 미시간 주립대학교에 세계에서 처음으로 음악치유 학위 과정이 만들어졌다.

우리나라에 음악치유가 도입된 것은 얼마 되지 않았고, 학계의 음악치유에 대한 정의도 여러 차례 변화를 겪어왔다. "음악 활동을 체계적으로 사용하여 사람의 신체와 정신 기능을 향상시켜 개인의 삶의 질을 높이고 보다 나은 행동의 변화를 가져오게 하는 음악의 전문 분야"라는 것이 현재 한국음악치유 학회가 말하는 음악치유의 정의다.

음악치유의 대상은 정신 장애나 발달 관련 장애를 가졌거나, 알츠하이머 등 노화와 관련된 질병들을 가졌거나, 후천적인 외상으로 고통 받았거나, 뇌 손상을 입었거나, 육체적 질환으로 만성적인 고통을 가지고 있는 사람들이다. 물론, 건강한 사람도 음악치유를 통해 삶의 질을 높일 수 있다.

음악치유는 음악 듣기, 연주하기, 음악을 들으며 춤추기 등을 통해 이루어진다. 음악이 치유 도구일 수 있는 것은 음악이 인간행동이라는 점, 음악을 구성하는 요소 중 하나인 리듬은 음악의 조직이며 에너지원이라는 점이다. 또한, 음악은 시간 속에 존재하는 가상이 아닌 구조적인 현실이며, 장소나 사람의 수에 크게 구애받지 않고 자유롭게 적용될 수 있는 것이기 때문이다. 음악은 정보를 전달하고 학습이나 자극을 유도하여 환자의 내면세계가 열리도록 한다. 따라서 환자의 선호도, 경향 등을 파악하여 음악을 통해 의미 있는 경험이 환자에게 일어날 수 있도록 치유 환경을 만들어 낼 수 있다. 정현주(2005)에 의하면, 음악치유 영역에는 교육적 영역, 심리치유 영역, 의료 및 재활 영역 등이 있다고 한다.

가. 교육적 영역

특수교육기관, 장애 아동 기관, 일반 교육기관 등에서 대상자의 기능과 사회 적응에 필요한 기술과 학습에 필요한 개념을 습득하는 데 음악이 활용된다.

나. 심리치유 영역

음악 감상을 투사적 기법으로 이용하거나, 창의적이고 역동적인 즉흥 연주를 통해 카타르시스를 경험하게 하는 것, 때로는 음악 연주를 통해 자기 통찰 경험을 하게 하는 것까지, 음악치유는 대상에게 건강한 정신과 심리를 위해 자신에게 필요한 삶의 의미가 무엇인지, 자신의 가치는 어떠한지를 통찰해 낼 수 있게 한다.

다. 의료 및 재활 영역

대상자의 신체적, 심리적, 정신적 건강 증진에 초점을 둔다. 이상을 종합했을 때, 음악치유 시 기대되는 일반적 효과는 기분전환, 이완, 언어 구사력 향상, 책임감 향상, 사회성 향상(관계 개선), 상호 신뢰감 증진, 집중력 향상, 자신감 향상, 신체기관의 기능 회복, 자기표현 등이다. 이외에도 마음 안정, 스트레스 해소, 악기 사용법 습득과 같은 효과가 있다.

음악치유의 효과를 보면 아래 같다.

① 노래는 여러 시대의 인생을 반영하기에, 내담자는 노래를 듣거나 부르며 지나간 그 시절을 회상하게 된다. 따라서 시대별로 유행했던 친숙하고 익숙한 노래를 들려주거나 불러보게 함으로써, 과거를 회상하게 하면 장·단기 기억이 자극된다. 젊은 시절 자신이 좋아했던 노래나 음악을 감상하며 회상력과 장기기억력을 증진시킬 수 있다.

② 음악은 기억과 정서를 자연스럽게 자극하기 때문에 치매환자의 경우, 마음을 편안하게 이완시키는 데 효과적으로 사용될 수 있으며, 사회적 관계증진과 성취감을 갖게 하여 삶의 존재가치를 높일 수 있다.

③ 그룹 활동으로 노래 부르기를 하면 표현을 통해 서로 교감하면서 사회 통합감을 높일 수 있다.

④ 간단하고 반복적인 음악을 들려주면 음악을 듣기 위해 집중력과 주의력을 강화시킬 수 있게 된다.

⑤ 타악기 연주는 신체기능이 저하된 내담자의 운동감각을 도울 수 있다. 또한, 연주 과정에서 신체로 전달되는 촉각 반응과 음색과 공명 등의 청각 반응을 경험할 수 있다.

⑥ 악기를 연주하면 상지의 소근육 운동 능력을 향상시킬 뿐 아니라 신체 움직임의 강화로 신체 재활에도 효과적이다.

⑦ 타악기 연주활동은 내담자의 우울감을 감소시키고 자존감과 자기만족감을 상승시켜 긍정적인 언어를 사용하는 효과를 가져 온다.

07 | 스마트치유

스마트치유(Smart Therapy)는 스마트(Smart)와 치유(Therapy)의 합성어로 스마트 기기나 어플리케이션이 가진 장점을 활용해 내담자를 진단하고 정신적·심리적 문제를 치유하는 것을 말한다. 스마트치유는 내담자에게 스마트 기기나 어플리케이션을 통해 자신의 정서적 상태를 긍정적으로 변화시키거나 심리적 문제를 치유하기 위한 다양한 형태의 체험을 제공하는 심리상담기법이다.

스마트치유는 내담자의 정신적·심리적 문제에 따라 스마트 기기나 어플리케이션을 선택하고, 실행, 수행하는 과정에서 치유될 수 있도록 한다. 따라서 스마트치유는 내담자가 가지고 있는 여러 정신적 외상이 스마트 기기를 활용하는 과정에서 표현되고, 정신적·심리적 문제를 해소하게 한다. 더불어 연령적, 신체적 한계를 극복하고 누구나 심리상담할 수 있는 강력한 심리치유법 중 하나라 할 수 있다.

가. 스마트치유 방법

스마트치유는 이미 상담현장에서 스마트폰을 이용하여 비대면 상담을 진행하거나, 스마트 기기를 이용하여 정신적·심리적 문제를 치유하는 데 활용되어 왔다. 스마트치유는 기존에 상담현장에서 스마트 기기를 활용하여 심리상담 방식을 체계적으로 정리하여 내담자의 상태를 진단하고, 치유하는 전 과정이 스마트 기기를 활용하여 치유하는 방법이다.

심리 치유의 일종인 스마트치유는 스마트 기기나 어플리케이션을 통해 내담자의 감정과 내면세계를 표현하고, 진단할 수 있으며, 스마트 기기나 어플리케이션의 장점을 활용해 재미있게 심리적 문제를 해결하고 치유하는 방법이다. 스마트 치유는 말로 표현하기 어려운 생각이나 느낌을 스마트 기기나 어플리케이션에서 표현함으로써 안도감과 감정 정화를 경험하게 하고, 내면을 돌아봄으로써 자아 성장을 촉진하는 상담기법인 것이다.

스마트치유에서 심리상담이 가능한 것은 자신이 가진 문제를 스마트 기기를 활용하는 즐거움 속에서 능동적으로 참여할 수 있다는 데에 있다. 이처럼 내담자의 심리상담에 대한 능동적인 참여와 즐거움을 갖고 몰입하게 되면 더욱 강력한 심리상담 효과를 기대할 수 있다.

나. 스마트치유의 진단

① 정신건강 자가 검진

국립정신건강센터에서 정신건강 자가 검진을 위하여 제작한 앱이다. 스마트폰 앱을 활용한 정신건강검진 기능을 실용화함으로써 의료비용을 절감하여 국민 정신건강 증진에 도움이 되기 위하여 제작되었다. 성인, 청소년, 아동을 포함하는 전 연령에서 우울증, 범불안장애, 공황장애 등 세부 질환 별로 자가 검진을 진행해 볼 수 있다.

검사 결과는 정상, 주의, 질환의심의 세 가지 수준 중 수검자가 어떤 영역에 해당하는지를 표시해주며, 상세한 결과를 확인할 수도 있지만 해석 수준이 높지는 않다. 이 앱은 진단용 앱이라기 보다는 수검자가 자신의 마음 상태에 대한 이해를 도모하고 적절한 후속 치유 행위를 촉진하는 데 목적이 있다. 따라서, 결과 내용을 참고하되 질환의심 수준의 내담자에 대해서는 관련 질환을 전문으로 다루는 치유센터로의 연계가 필요하다. 수검자가 응답한 관련 심리 질환을 한눈에 보여주기 때문에 심리적 어려움을 느끼는 컨디션을 확인하는 데 도움이 될 수 있다.

② 성인 ADHD 및 기분장애 선별검사

대한우울조울병학회와 한국정신신체의학회가 성인 ADHD로 고통받는 환자들에게 정확한 진단과 치료를 제공하기 위하여 제작한 앱이다. 집중력 저하 및 과잉행동장애를 보이는 성인들이 스스로의 ADHD 정도를 일상에서 빠르게 체크 할 수 있도록 만든 자가 보고식 검사 앱이다. ADHD의 증상은 연령에 따라 달라지기 때문에 연령에 적합한 검사 도구를 사용하는 것이 중요한 데 본 앱에서는 WHO에서 성인 ADHD를 선별하기 위해 개발한 척도를 한글화하였다.

상담과정에서 집중력이나 과잉한 행동을 보이는 내담자의 초기 진단용으로 본 앱을 활용할 수 있을 것이다. 경도의 ADHD는 여타의 치료 관련 앱과 연동하는 방식으로 상담 계획을 수립하지만, 정도가 심할 경우에는 ADHD 전문 치료를 위해 병원이나 기관을 연계하는 것도 필요하다.

③ 행동유형 테스트(DISC)

1928년 미국 콜롬비아 대학의 Marston 박사가 고안한 인간의 행동 유형패턴을 검사하는 방법으로 이를 약식으로 검사할 수 있도록 제작된 앱이다. 사람들이 일상 속에서 보이는 4가지 행동유형인 주도형(Dominance), 사교형(Influence), 안정형(Steadiness), 신중형(Conscientiousness)의 머릿글자를 따서 DISC라 칭한다.

이 앱을 통해 행동유형의 특징 및 장점과 단점을 살펴볼 수 있지만 정식 검사는 아니므로 정확한 진단 결과를 위해서는 정식 검사를 진행하는 것을 추천한다. 여타의 일반 인용 앱서비스와 마찬가지로 짧은 회기 속에서 참고용도로만 활용한다.

다. 스마트치유의 효과

① 내담자가 스마트기기나 앱을 사용하면서 기쁨, 슬픔, 불안, 좌절, 공포, 분노 등 다양한 감정이 표현되는데, 이렇게 다양한 감정표출을 통해 내담자의 정서 부적응이나 기타 문제행동이 자연스럽게 치유될 수 있다.

② 자신이 가진 문제의 불안과 긴장을 해소시킬 수 있다. 스마트기기나 앱을 사용하는 과정에서 내담자가 자신의 심리적 문제를 자연스럽게 표현한다는 데에 있다. 심리적으로 불안하거나 스트레스를 심하게 받은 내담자는 스마트기기나 앱을 사용함으로써 자연스럽게 불안과 긴장을 해소할 수 있다.

③ 자신이 가진 문제를 스스로 극복하게 돕는다. 스마트치유는 스마트기기나 앱을 사용하면서 자신이 가진 문제점이 무엇인지, 해결방법이 무엇인지에 대해 스스로 통찰력을 갖게 한다. 이러한 통찰은 자신이 가진 문제에 긍정적이고 적극적으로 대응하도록 유도함으로써 문제를 스스로 극복할 수 있게 한다.

④ 심신 정화를 해준다. 스마트치유는 스마트기기나 앱을 사용하면서 내담자가 일상에서 벗어나 새로운 경험을 하고 앞으로의 생활을 재구성하도록 함으로써 마음을 정화하는 수단이 된다.

⑤ 정서적으로 안정감을 갖는다. 스마트기기나 앱의 장점이 많기 때문에 스마트치유는 내담자가 주의를 집중할 수 있게 한다. 스마트기기나 앱을 사용하면서 집중하게 되면 내담자가 이전에 갖고 있던 정신적 문제를 망각함으로써 정서적 안정감을 가질 수 있다.

⑥ 신체적 기능을 회복한다. 질병이나 장애로 인해 신체기능이 손상되었다면 신체기능의 높이는 스마트 기기나 앱을 사용하면서 유산소 운동을 함으로써 원래의 기능을 회복할 수 있다.

제9장
코칭 전략

01 ㅣ 코치란 무엇인가?

　코치(Coach)라는 단어가 최초로 등장하게 된 것은 헝가리의 비엔나와 부다페스트 사이를 잇는 마차를 만드는 'Kocs'라는 작은 마을에서 그 마차를 'Kotsche'라고 불렀는데, 이 단어가 다른 지역으로 퍼지면서 'coach'라는 단어로 자리 잡았다.

　'코치'는 원래 "중요한 사람을 그 사람이 바라는 곳까지 배웅한다."라는 의미가 포함되어 있다. 1840년대에는 영국 옥스퍼드대학에서 학생의 수험지도를 하는 개인교사의 일을 '코치'라고 부르기도 하였다.

　스포츠 분야에서 처음 사용하게 된 것은 1880년대로 보트경기의 지도자를 '코치'라 불렀었다. 경영 분야에서 코치라는 말이 사용되기 시작한 것은 1950년대 하버드대학의 마일스 메이스(Myles Mace) 교수가 그의 저서 「임원의 성장과 발전(The Growth and Development of Executives)」(1959년)이라는 책 속에서 "매니지먼트의 중심은 인간이고, 인간중심의 매니지먼트 속에서 코칭은 중요한 스킬이다"라고 기술하면서 코칭의 개념에 대하여 관심을 가지게 되었다.

　1980년대가 되면서 코칭에 관한 출판물들이 등장하게 되어 코치라는 개념이 대중화의 길을 걷게 되었다. 이후 많은 코치들이 등장하면서 코치에 대한 관심이 증가하게 되었다. 이들은 과거에도 이미 코칭을 하였지만 그들은 스스로를 코치라고 부르지는 않았다.

　현재처럼 코치라고 부르게 된 것은 1980년대 초 재무플래너인 토마스 레날드(Thomas J. Leonard)로부터 시작되었다. 그는 젊은 나이에 재무플래너로서 도시의 신세대 전문직들의 재무 컨설팅을 하면서, 아무것도 부족한 것이 없어 보이는 사람들에게도 도움이 필요하다는 것을 알게 되었다.

　레날드는 그들과 코칭을 하게 되면서 코칭의 필요성을 체험하게 되었다. 레날드를 통해 그들은 인생에서 진정으로 원하는 게 무엇이고, 그것을 해결하는 방법에 대하여 깨달을 수 있었다. 그 후 레날드는 그들로부터 이러한 일을 하는 사람을 코치라고 부르는 것이 어떻겠냐는 제안을 받게 됨에 따라 오늘날과 같은 코칭과 코치의 개념이 자리를 잡게 되었다.

레날드는 1992년 최초의 전문코치교육기관인 코치 대학교(Coach University)를 설립하여 코치 육성 프로그램을 제공하였다. 또한, 1996년 11월에는 비영리단체인 국제코치연맹(ICF : International Coach Federation)을 설립하여 코치의 질을 유지하기 위한 목적으로 활동을 시작하였다.

레날드는 코치빌(Coach Ville)을 운영하다 2003년 2월 47세의 젊은 나이에 타계하였다. 동양에서는 일본이 최초로 1997년에 코치 트레이닝 프로그램을 개설하고, 프로페셔널 코치의 확립과 코칭스킬의 보급을 시작하였다.

한국에서는 2000년대 초반에 코칭개념이 도입되어 오늘날 서서히 리더십과 인재육성, 개인의 경력, 인생전반에 대한 코칭이 발전해 가고 있으며 코치관련 각종 단체들이 설립되고 코치를 양성하고 있다.

02 ㅣ 코칭의 정의

현대 사회의 급속한 발전과 변화에 적응하지 못하는 사람들은 복잡한 사회에서 살아남기 위해서 전문가들의 도움이 필요하게 될 것이다. 또한, 사람들의 욕구가 다원화됨에 따라 특화된 코치를 필요로 하게 될 것이다. 다가올 미래 사회는 코칭의 세계가 교육을 대체하게 될 것이며, 코칭관련 산업이 급속하게 확장될 것이다.

코칭에 대한 정의는 코치의 종류에 따라서, 보는 시각에 따라서 다양하게 정의될 수 있다. 코칭이라고 하면 대부분 스포츠 팀의 코치가 하는 일을 연상하기 쉽다. 워낙 일찍부터 스포츠 분야에서 선수나 팀을 훈련시키는 사람을 코치라고 불렀기 때문이다. 스포츠 분야에서 의미하는 코칭이란 전문적으로 양성된 사람에 의하여 선수와 팀의 능력을 시합장에서 최고로 발휘할 수 있게 연습과 시합의 전개를 지도하는 과정을 말한다. 따라서 코치는 선수와 팀이 원하는 목표를 달성하도록 도와주는 역할을 수행하며 함께 성공의 기쁨을 나누는 역할을 수행한다.

국제코치연맹(ICF : International Coach Federation)에서 정의하는 코칭의 의미는 인생, 경력, 비즈니스와 조직에서 뛰어난 결과를 달성할 수 있도록 도와주는 지속적이며 전문적인 지도를 받는 과정을 말한다. 따라서 코칭과정을 통해 코티는 배움을 보다 심화시키고, 성과를 향상시키며, 인생의 질을 한층 높일 수 있다.

미국의 세계 최대 글로벌 코치양성전문기관(CCU : Corporate Coach University)에서 정의하는 코칭의 의미는 코치와 발전하고자 하는 의지가 있는 개인이 잠재능력을 최대한 개발하고, 발견 프로세스를 통해 목표설정, 전략적인 행동, 그리고 매우 뛰어난 결과의 성취를 가능하게 해주는 강력하면서도 협력적인 과정이라고 하였다. 즉, 코칭이란 코치가 코칭을 받는 사람에게 직업적 또는 개인적인 성과를 향상시키고, 삶의 질을 높이는 데 도움을 주는 지속적인 파트너십이라고 보았다.

코칭의 사전적 의미를 보면 코칭이란 어떤 목적이나 방향으로 남을 가르쳐 이끌거나 지도하여 가르침을 뜻한다. 결국 코칭은 코치가 코티에게 목적과 방향을 제시하여 원하는 목적을 달성하도록 도와주거나, 원하는 방향으로 이끌어 주는 과정을 말한다. 여기서 코치는 이러한 목적과 방향을 정확히 제시할 줄 아는 사람이어야 한다는 것이다. 목적과 방향이 뚜렷하고 명료하지 않으면 정신이 집중되지 않고 분산되어 일의 능률이나 효과가 떨어지게 되어 있기 때문이다.

지금까지의 코칭에 대한 정의를 종합해 보면 코칭이란 전문적인 교육을 받은 코치가 코티가 가지고 있는 목표를 달성하고 문제를 해결해주기 위하여 적극적으로 개입하여 목표와 방향을 제시하고 성공에 이르도록 이끌거나 지도하는 과정이라고 할 수 있다.

코칭은 점차 스포츠뿐만 아니라 비즈니스, 라이프, 커리어 등 우리 일상에서 흔히 접할 수 있게 되었고, 일반적으로 그 사람 내부의 잠재력을 끌어내어 성과를 내게 하는 행위(코칭)와 그런 프로세스를 행하는 사람(코치)이라는 의미로 정착되게 되었다. 여기서 전문적인 교육을 받은 사람을 코치(Coach)라고 하며, 코치에게 코칭(Coaching)을 받는 사람은 영어로 코치이(Coachee)라고 말하나 여기서는 '코티'라는 단어로 정의하였으며 이후 통일된 용어로 사용하였다.

코칭은 한마디로 '사람을 변화시키는 것'에 관한 것이다. 따라서 코칭은 긍정적이고, 결과 지향적이며, 미래지향적인 것으로 코티의 목표를 어떻게 실현할 것인가에 대한 해결책이며, 대화를 통하여 스스로의 가능성을 발견하게 하고 성장해 가도록 조력하는 인재를 육성해 가는 프로세스라고 할 수 있다.

03 | 코칭의 목적

코칭의 기본정신은 사람은 누구나 문제나 목표를 가지고 있으며, 문제를 해결하고 목표를 달성할 가능성이 있다는 데에서 출발한다.

인간은 무한한 가능성을 가지고 태어나지만, 그 능력 중에서 평생 5∼10% 정도만 사용한다는 사실은 이미 많이 알려져 있다. 뇌를 연구하는 사람들에 따르면 인류 역사상 뇌를 가장 많이 사용한 과학자 중의 한 사람으로 인정받는 아인슈타인도 10%를 넘지 못했다고 한다. 결국 인간은 평생 5∼10%의 능력만을 사용하고 나머지 90% 이상이 잠재능력으로 사장된다는 것이다.

모든 사람은 자신의 능력 중에서 빙산의 일각만을 사용하기 때문에 이제까지 자신에게 주어진 잠재능력의 한계점까지 도달한 사람은 아무도 없는 것이다. 이처럼 잠재능력은 겉으로 드러나지 않고 내면 깊숙이 숨어 있는 힘을 의미한다.

잠재능력은 평소에는 내재되어 있다가 위급한 상황에 처하게 되면 발휘되기도 한다. 예를 들면 아이가 트럭에 사고를 당하자 평범한 주부가 트럭을 들어 올릴 만큼 강력한 힘이 생겨났다. 뇌도 순간적인 집중력을 가지면 평소보다 더 많은 잠재력을 표출해 낼 수 있다.

이렇게 초인적인 잠재력이 왜 평소에는 나타나지 않는 것인가? 그것은 집중력이 없기 때문이다. 다급할 때는 오직 그 문제를 해결해야 하겠다는 강한 집중력이 있는 반면에 평상시에는 다양한 외부 환경에 의하여 집중력이 떨어질 뿐만 아니라 장애요인까지 작용해 잠재력은 고사하고 나타난 능력마저도 제대로 활용하지 못하는 경우가 있다.

세상을 살아가는 데 잠재능력을 얼마나 사용했는지가 성공의 관건이 된다고 할 수 있다. 결국 성공의 목표가 사람에 따라서 다양할지라도 그 성공에 이르게 하는 데 잠재능력은 가장 중요한 것이다.

인류 역사에 위대한 발자취를 남긴 사람들은 대부분이 자신의 잠재능력을 발굴하여 노력한 사람들이다. 우리는 여기에서 누구나 잠재능력을 개발한다면 성공할 수 있다는 진리를 발견할 수 있다.

　다만 사람들이 그 방법을 몰라서 성공을 맛보지 못할 뿐이다. 코치는 자신의 잠재능력을 발견하지 못하여 성공에 이르지 못하거나 2% 부족한 삶을 사는 사람들에게 도움을 주는 사람이다.

04 | 코칭관련 용어 비교

코칭을 일부에서는 치료나 카운셀링과 같은 단순한 커뮤니케이션 과정으로 사용하고 있으나 그것과는 차이가 있다. 보다 적극적인 미래, 창조성, 성과, 행동에 관한 것을 다루는 것이다. 적극적인 의미로 멘토링이나 컨설팅과도 같다고 생각하지만 그것들과도 차이가 있다.

따라서 코칭과 비슷한 개념인 리더십, 카운슬링, 멘토링, 컨설팅, 트레이닝과의 개념을 비교해 보고자 한다. 비슷한 개념과의 비교는 코칭 개념을 정확히 인식하게 하는 데 도움이 된다.

가. 리더십[leadership]

리더십이란 말은 21세기 들어오면서, 화두가 된지 오래이다. 리더십이란 원래 우리말로 지도력, 통솔력, 지휘력 등으로 번역되어 사용되고 있다. 일반적으로 리더십은 한 개인이 다른 구성원에게 이미 설정된 목표를 향해 정진하도록 영향력을 행사하는 과정으로 정의하고 있다.

좀 더 자세히 보면 리더십은 리더로서 조직의 목표를 달성하기 위하여 성공에 대한 적극적인 강화(positive reinforcement), 목표설정(goal setting), 조직관리(managing group relation) 등에 관한 실제적이고 효과적인 활동을 말한다.

즉, 리더란 목표를 제시하고, 이 목표에 대해 구체적으로 설명하고 왜 이 목표를 달성해야 하는가를 의사소통을 통해 설득하고 납득시키며, 리더 자신이 그 목표달성을 위하여 솔선수범하여 열심히 일하는 것을 의미한다.

리더십은 조직의 목표를 달성하기 위한 지도자로서의 역할이기도 하고 솔선수범하는 리더로서 자신을 발전시키기 위한 행동목표라고 할 수 있다. 그러나 코칭은 타인의 문제나 목표를 달성하기 위한 행동목표라고 할 수 있다.

또한, 리더십은 다른 사람들이나 조직을 효과적으로 리드하기 위해서는 자신을 먼저 리드할 줄 알아야 하는 데 이러한 의미에서 최근에는 셀프 리더십을 중요시하고 있는 데, 코칭에서도 자신을 성장시키기 위하여 하는 셀프코칭이라는 것이 있다.

나. 카운셀링[counseling]

상담이란 도움을 필요로 하는 사람과 도움을 줄 수 있는 사람 사이의 대화를 통하여 문제해결이나 학습이 이루어지는 과정으로 내담자는 고민이나 문제를 가진 사람이고, 카운슬러(상담자)는 전문적 훈련을 받은 사람을 말한다.

즉 상담은 내담자와 카운슬러(상담자)가 대화를 통해 일상생활에서 생겨나는 고민이나 과제의 해결을 도모하는 과정이며, 또 과거나 현재의 행동, 생각 및 감정을 조절, 변화시켜서 상호간의 인간적 성장을 촉진하기 위한 학습 과정이라고 할 수 있다.

일반적으로 집단 상담이나 가족 상담을 제외하고 상담은 1:1의 관계에서 이루어지며, 또 전화 상담을 제외하고는 얼굴을 마주보고 이루어진다. 그래서 내담자와 카운슬러(상담자) 그리고 대면 관계를 상담의 3요소라고 한다.

그러나 여기서는 카운슬러(상담자)가 개별적인 만남에 의하여 1:1의 관계에서 상담을 할 수도 있지만 상담을 통해 내담자가 가진 문제나 고민을 해결해준다면 그것도 바로 훌륭한 상담이라고 할 수 있다.

코칭과 카운슬링은 맨투맨으로 실시하는 점에서 비슷하지만, 접근방법은 다르다. 카운슬링에서는 과거의 문제를 대화를 통해서 치유하는 것이지만, 코칭에서는 미래의 문제를 대화로 해결하거나 구체적인 목표를 설정하고 행동에 초점을 맞춰간다. 따라서 병의 치료나 문제행동의 개선과 같은 치료는 행하지 않지만 성과를 내는 것에 초점을 맞추는 것에 차이가 있다.

다. 멘토링[Mentoring]

멘토라는 말의 기원은 그리스 신화에서 비롯된다. 고대 그리스의 이타이카 왕국의 왕인 오디세우스가 트로이 전쟁을 떠나며, 자신의 아들인 텔레마코스를 보살펴 달라고 한 친구에게 맡겼는데, 그 친구의 이름이 바로 멘토였다. 그는 오디세우스가 전쟁에서 돌아오기까지 텔레마코스의 친구, 선생님, 코치, 때로는 아버지가 되어 그를 잘 돌보아

주었다. 그 후로 멘토라는 그의 이름은 지혜와 신뢰로 한 사람의 인생을 이끌어 주는 지도자라는 의미로 사용되었다고 한다.

멘토는 상대방보다 경험이나 경륜이 많은 사람으로서 상대방의 잠재력을 볼 줄 알며, 그가 자신의 분야에서 꿈과 비전을 이루도록 도움을 주며, 때로는 도전도 해줄 수 있는 사람. 예를 들면 교사, 인생의 안내자, 본을 보이는 사람, 후원자, 장려자, 비밀까지 털어놓을 수 있는 사람, 스승 등을 들 수 있다.

멘토링은 원래 기업에서 활발히 사용되고 있으며, 민간에도 널리 보급되고 있는데, 한 마디로 말하면 현장 훈련을 통한 인재 육성 활동으로 정의할 수 있다. 즉, 회사나 업무에 대한 풍부한 경험과 전문 지식을 갖고 있는 사람이 1:1로 전담하여 멘티 (Mentee)을 지도, 코치, 조언하면서 실력과 잠재력을 개발, 성장시키는 활동이라 할 수 있다.

최근에 많은 기업들이 도입하고 있는 후견인 제도가 바로 멘토링의 전형적인 사례이다. 이 제도 역시 신입 사원들의 업무에 대한 신속한 적응을 유도하고 성장 잠재력을 개발시킨다는 면에서 볼 때, 그 기본 목적은 인재 육성이다.

따라서 상대방의 장점을 발견하여 복돋아 주거나 좋은 의견과 충고를 제공한다는 데서 코칭의 형태와 매우 유사하나, 차이점은 멘토링은 멘토(mentor)와 멘티(mentee)의 관계에서 있어서 수직적이며, 코칭은 코치와 코티의 관계에서 수평적이라는 것이다. 또한, 멘토는 전문적으로 교육을 받지 않아도 되지만, 코치는 전문적으로 교육을 받은 사람이라는 데 차이가 있다.

라. 컨설팅[Consulting]

컨설턴트(consultant)는 원래 기업의 창업·경영·관리 등에 관해서 조언·진단·상담하는 전문가를 말한다. 컨설팅은 전문 지식을 가진 사람이 전문지식을 필요로 하는 사람들에게 상담·자문에 응하는 일로 전문지식을 필요로 하는 사람들에게 문제나 현실을 진단하고 해결책을 제시해주는 일을 말한다.

일반적으로 컨설팅에서는 컨설턴트의 전문영역에 대하여 컨설팅을 의뢰하게 되면, 컨설턴트는 사전에 충분한 조사를 한 결과를 바탕으로 컨설턴트가 가지고 있는 식견이나 지식을 제공한다.

컨설팅이나 코칭의 공통점은 전문성을 갖춘 전문가에 의하여 지식이나 경험을 제공하는 과정이라는 점은 같으나, 컨설팅은 성공여부와는 상관없이 요구하는 지식과 경험 서비스를 대행하는 일인 반면 코칭은 고객의 마인드셋(mindset)부터 현실적인 목표의 성공 여부에까지 광범위한 것을 다루고 책임감을 가진다는 것에 차이가 있다.

점차 비즈니스 부문에서도 코칭 활용이 확대함에 따라서 컨설팅에서 코칭이 활용되거나, 반대로 코칭에서 컨설팅의 장점을 받아들이는 경우가 늘고 있다.

마. 트레이닝[training]

트레이닝(training)은 원래 스포츠 부분에서 사용하던 것으로 운동 자극에 대한 인체의 적응을 이용하여 인체의 형태·기능을 보다 높은 수준으로 발육·발달시키는 계획적 과정을 말한다. 그러나 트레이닝의 개념이 교육 부분에서도 사용하면서 단체의 정해진 목표에 맞게끔 훈련을 통해서 목표를 달성하도록 해주는 의미로 사용하고 있다.

트레이닝이나 코칭의 공통점은 정보를 제공하고, 목표 달성하게 해주는 면에서는 같으나, 트레이닝이 트레이너의 전문가적인 기술과 지식에 초점을 맞추어 전수하나 코칭은 코티의 스킬과 지식을 활용하고 개발하는 것에 목적을 두는 데 차이가 있다.

또한, 트레이닝은 정해진 목표를 달성하게 해주나 코칭에서는 개인별 원하는 목표를 달성하게 해주는 데 차이가 있다.

구분	공통점	차이점
리더십	• 성공에 대한 적극적인 강화, 목표설정, 조직관리에 대한 실제적이고 효과적인 활동	• 리더십은 자신과 조직의 성공을 유도하나 코칭은 타인의 성공을 유도 • 리더십은 리더의 노력 여하에 따라 성공하나 코칭은 코치와 코티가 함께 노력해야 성공
카운셀링	• 대화를 통하여 문제해결이나 학습이 이루어짐 • 상호간의 인간적 성장을 촉진하기 위한 학습 과정	• 카운셀링은 들어주면서 치유하는 수동적 자세이나 코칭은 방향을 제시하는 적극적 자세 • 카운셀링은 문제가 있는 사람을 대상으로 하나 코칭은 건강한 보통사람을 대상으로 함 • 카운셀링은 과거에 중심을 두고 치유하나 코칭은 미래, 창조성, 성과, 행동 관심
멘토링	• 상대방의 장점을 발견하여 복돋아 줌 • 의견과 충고를 제공 • 경험을 이용하여 상황을 진단	• 멘토링은 생활 전반에 걸쳐서 이루어지나 코칭은 직업적, 개인적 성과 향상에 중점 • 멘토링은 사안별로 단기적으로 이루어지나 코칭은 지속적인 파트너십 형성 • 멘토링은 아무나 할 수 있으나 코칭은 전문적으로 훈련받은 사람들에 의한 개개인의 특성에 맞는 코칭 제공 • 멘토링은 수직적 관계이나 코칭은 수평적 관계
컨설팅	• 전문적으로 훈련받은 전문가에게 이루어짐 • 과정이 비슷함 • 의견과 충고를 제공 • 경험을 이용하여 상황을 진단	• 컨설팅은 성공여부에 대하여 책임을 지지 않으나 코칭은 성공여부에 따라 책임을 짐
트레이닝	• 정보를 제공 • 목표 달성하게 해줌	• 트레이닝이 트레이너의 전문가적인 기술과 지식에 초점을 맞추어 전수하나 코칭은 코티의 스킬과 지식을 활용하고 개발 • 트레이닝은 정해진 목표를 달성하게 해주나 코칭에서는 개인별 원하는 목표를 달성하게 해줌

<표 9-1> 코칭과 관련 용어와의 차이점

05 | 코칭의 필요성

미국의 사회학자 데이빗 리스만은 현대인을 일컬어 「고독한 군중」(The Lonely Crowd)이라고 하였다. 현대인은 누구나 수많은 군중 속에서도 고독을 느끼고 있다는 것이다. 주변에 많은 사람이 있어도 가슴 깊은 얘기를 나눌 사람이 없기 때문에 현대인은 군중 속에서 고독을 느낀다는 것이다.

사회가 발전해 갈수록 우리는 왜 더욱 고독해지는 것일까? 이것은 사회가 정신적 가치보다 물질적 가치를 우위에 둠으로써 인간소외 현상이 가속화되고 있기 때문이다. 또한, 개인주의가 이기주의로 변질되어 사회 곳곳에서 집단 이기주의, 개인 이기주의가 나타나고 있는데, 이것은 사회의 공동체형성을 방해하는 장애물이 되고 있다.

또한, 경쟁이 치열한 사회로 바뀌어 가고 있는 것도 하나의 요인이 된다. 생존을 위한 경쟁과 투쟁에서 믿을 건 오로지 자신뿐인 사회가 되었다. 남들과 달라야 하고, 빠르게 변화하지 않으면 도태되는 것이 현실이다.

그래서 이러한 사회에 적응하기 위해서 현대인들은 바쁘다. 더욱이 끊임없는 변화를 요구받는 현대인들은 고독할 수밖에 없다. 끝없는 욕망과 결핍감에 쫓겨 질주하는 이들에게는 자신이 왜 거기에 있는지 둘러볼 여유도 없다. 그래서 물질적으로는 풍요롭지만 정신적으로는 더욱 황폐화되어 간다.

사회가 발전할수록 사회의 변화에 대한 적응과 경쟁뿐만 아니라 개인이 경험할 수 있는 생활도 복잡해지고 직장생활, 가정, 건강관리, 재테크 등도 점차 전문성을 필요로 하고 있다. 이제는 제대로 알지 못하면 자신이 원하는 일을 할 수 없을 뿐더러 모르면 기회를 잃어버리거나 손해를 보는 경우가 생긴다. 따라서 사회적인 문제는 물론이고 개인적인 문제를 개인이 스스로 해결하기에는 역부족인 경우가 많다.

따라서 우리는 지금 과거 어느 때보다도 속을 터놓고 이야기기할 수 있는 사람이 그리운 시대를 살고 있다. 힘들고 지칠 때 진정으로 나를 위로해 줄 수 있는 사람이 필요하다. 정말 힘든 일을 만났을 때 그 무거운 짐을 함께 나눌 사람이 필요하다. 내가 가진 문제점을 말끔히 해결해 줄 사람이 필요하다. 나의 아픔을 쏟아 놓았을 때 포근히 덮어주고 치료해 줄 수 있는 사람이 필요하다.

내가 가고자 하는 미래를 밝게 안내해 줄 사람이 필요하다. 사회가 발전할수록 일상적 삶에서 일어나는 모든 문제에 대해 지속적으로 조언해주고 도움을 줄 수 있는 사람을 필요로 하게 된다. 이러한 시대적인 요구를 반영이라도 하듯이 새로운 직업으로 카운슬러, 개인 컨설턴트, 멘토, 코치라는 직업이 생겨나고 있다.

06 | 욕구 단계별 코칭

사람들에게 코칭이 필요한 이유는 매우 다양하다. 매슬로우(Maslow)는 인간의 욕구를 5단계로 나누고 그에 상응하는 욕구의 위계를 제시하였다. 그러나 그의 욕구 5단계에는 인간의 학습하는 행동과 예술적 행위에 몰입하는 행위는 설명할 수 없다는 한계가 있었다. 그 후 매슬로우는 지적 욕구와 심미적 욕구를 더 포함시켜 7단계의 욕구 위계설을 완성시켰다. 그는 아래의 4단계의 욕구를 결핍욕구라고 하였으며, 지적욕구, 심미적 욕구, 자아실현의 욕구를 존재욕구라고 구분하였다.

결핍욕구는 일단 만족되면, 그것을 달성하려는 동기가 감소하게 된다. 그러나 존재욕구는 충족되면 충족될수록 더 높은 성취를 위해 증가된다. 예컨대 배우고 이해하는 노력이 성공적일수록 사람들은 더 큰 배움을 위해 한층 노력하게 된다. 그러므로 매슬로우의 이론에 의하면 결핍욕구와는 달리 존재 욕구는 완전히 충족될 수 없으며, 그것을 성취하려는 동기는 끊임없이 유발된다고 보았다.

결국 코치가 필요한 이유는 인간의 끊임 없는 욕구를 충족시키기 위해서다. 따라서 우리 생활 속에서 발생할 수 있는 코칭을 필요한 이유를 매슬로우의 욕구 7단계에 대입하여 분석해 보면 다음과 같다.

<표 9-2> 매슬로우의 욕구 7단계에 따른 코칭

종류	구분	내용
생리적 욕구	식욕, 수면욕, 성욕, 식사, 물, 고통회피, 작업장에서는 봉급 및 작업환경	경제적으로 겪는 문제를 해결하고 싶은 욕구, 돈을 벌고 싶은 욕구
안전의 욕구	도둑으로부터의 안전, 위험, 사고로부터의 보호, 안전한 작업환경 봉급인상 및 건강증진환경	새로운 사업이나 창업을 하고 싶을 때, 새로운 직업을 갖고 싶은 욕구, 자신의 건강을 챙기고 싶은 욕구, 새로운 분야에 진출하고 싶은 욕구

소속의 욕구	동료 간의 친화감 대인간의 만족	직장 내에서 좋은 인간관계를 맺고 싶은 욕구
존경의 욕구	자기 존경 목적달성후의 안전 자신감 등이며 작업장에서의 개인의 능력 기술로 인한 작업성과 향상	남들에게 존경받고 싶은 욕구
인지적 욕구	지적으로 많은 지식을 배우고 싶은 욕구	새로운 직업을 갖기 위해서 갖추어야 할 교육에 대한 욕구, 전문가가 갖추어야 할 커리어에 대한 욕구, 자격증을 취득하고 싶은 욕구, 학위를 취득하고 싶은 욕구, 공부하고 싶은 욕구
심미적 욕구	예술적 아름다움을 향유하고 싶은 욕구	좋은 것을 보고 싶은 욕구, 좋은 음식을 먹고 싶은 욕구, 좋은 것을 갖고 싶은 욕구, 좋은 곳에 가고 싶은 욕구
자아실현의 욕구	잠재적 성장이 최고조에 도달했을 때 발생하며 개인의 성장과 그들의 기술 능력을 개발 발전시켜 더 높은 목표에 도전하고 혁신하는 단계	자신이 마음 먹은 것을 실천하고 싶은 욕구, 원하는 목표를 달성하고 싶은 욕구

한편 매슬로우의 욕구 이론에 대한 반론도 있다. 매슬로우는 아랫 단계가 채워져야 윗 단계로 넘어간다고 했지만, 사실 그렇지 않은 경우도 있다는 것이다. 가령 자원봉사자들은 생리적 욕구에 충족하지 않지만 자아를 실현하고 있고, 수도하는 사람들은 배고픔을 견디며 자아실현의 경지에 올랐기 때문이다. 그밖에도 예술가나 학자 같은 사람들은 심미적 욕구와 인지적 욕구를 채우기 위해 배고픔도 참고, 인간관계를 포기하기도 한다. 그럼에도 불구하고 일반적인 사람들에게는 이 이론이 상당히 적용되는 부분이 많으며, 자신의 욕구 단계에 대하여 정확히 분류하면 왜 그런 욕구를 가지게 되는지를 알게 되며, 웬만한 욕구가 가지는 문제를 해결할 수 있다.

그러나 리허설이 없는 인생을 살아가면서 수많은 시행착오를 거치는 시간을 단축하거나 코치를 통해서 원하는 목표를 달성할 수 있는 방법을 얻을 수 있다는 점에서 코치가 절실히 필요하게 된 것이다.

07 | 의사결정 코칭

원래 의사결정은 기업소유자의 기업정책에서 중요한 정책을 결정할 때 사용하던 말로, 소유주가 각종 통계 자료 등에 근거해 경영 방침을 결정하는 것을 말한다. 기업에서 사용하던 의사결정력은 이제 기업에서만 사용하는 것이 아니라 일반인들에게도 필요한 가치가 되었다.

사회가 복잡해짐에 따라 선택의 기회가 많아지고 선택의 기회가 많다는 것은 그만큼 의사결정력이 중요 능력이 된 것이다. 합리적인 의사결정을 하기 위해서는 의사결정의 기준을 코티의 주관에 기인하기 보다는 정확한 정보와 이해에 기초한 판단이 필요하다. 그리고 일반적인 사람들은 의사결정을 위해서 정확한 정보를 구하거나, 충분한 분석을 하는 것 지체가 쉽지 않다. 결국 부족하거나 잘못된 정보를 가지고 의사결정을 하게 되면 잘못된 결과를 가져오기 쉽다.

A는 현재 다니는 직장이 마음에 들지 않아 좋은 직장으로 가기를 원하는 유망한 직장인이다. 마침 A를 평소 잘 알고 있던 회사의 N사장은 같이 일하자는 제안을 하였다. A도 예전부터 한번 근무해 보고 싶은 회사였기에 싫지는 않았지만, A는 제안을 받아들여야 할지, 말아야 할지를 고민하였다.

결국에는 생각할 시간을 달라고 하고 자리를 피하였다. A는 제안에 대한 정보를 수집해보고, 자신의 능력이 되는지 안되는지, 그 회사의 발전 가능성에 대하여 주변에 자문을 해보았지만 뚜렷한 결정을 하기가 어려웠다. 그래서 1달이라는 시간이 걸려 대충 마음의 결정을 하고 N사장에 전화를 하여 제안을 수락한다고 하였더니, N사장은 이미 직원을 구했다고 하였다. A는 신중하기는 하였지만 의사결정이 느려서 결국에는 자기가 원하던 직장으로 옮기지를 못하였다.

코칭을 받게 되면 코티가 수집해야할 정확한 정보를 대신 수집하고 이에 대한 분석을 해줌으로써 선택 가능한 대안 가운데서 가장 바람직한 행동경로를 선택하도록 도와준다.

만약 코티가 대안 가운데서 선택하는 것을 지체하게 되면 코치는 코티가 행하는 의사결정 과정에 개입하여 올바른 의사결정을 신속하게 할 수 있도록 판단을 내려 준다. 결국 코치는 정확한 정보를 제공하고, 의사결정을 도와주는 역할을 하여 원하는 목표를 달성하도록 도움을 준다.

08 Ⅰ 문제 해결 코칭

아무리 위대한 사람이라도 인생에서 여러 문제를 가지고 살아간다. 사람들은 항상 자기가 가진 문제가 제일 크다고 생각한다. 때로는 남들로 부터는 부러움의 대상이 될 정도로 행복해 보이는 사람들도, 개인적으로 고민을 가지고 있는 경우가 많다.

남들이 보면 대수롭지 않은 문제도 본인에게는 심각한 고민거리가 된다. 그러나 내가 가지고 있는 문제들 대부분은 내가 해결할 수 있는 범위 안에 있다. 신은 결코 우리에 게 스스로 해결할 수 없는 정도의 문제 거리는 던져 주지 않기 때문이다. 하지만 우리가 그 문제를 해결할 수 없는 이유는 그것을 정면으로 부딪혀 문제를 해결 하려하기 보다는 회피하거나 다른 사람의 도움으로 해결하려는 경향이 크다. 문제의 근본 원인이 무엇인지 정확히 인식하지 못하고 대안 없는 고민만 하기도 한다.

P는 30대 초반에 직장을 그만 두고 개인 사업을 하는 사장이었다. P는 회사 생활을 할 때는 회사의 매출에 많은 기여를 하고 있었기 때문에 자신이 아주 잘나가는 사람이 라고 생각하였으며, 직장을 그만 둔 이유도 자신의 능력을 사장이 인정하지 않기 때문 이라고 생각하여 회사를 그만 두고 같은 업종으로 창업을 하였다. P는 모든 일에 열심 인 것은 사실이었지만 회사를 운영하는 것은 쉽지 않았다. 예전처럼 영업도 되지 않았 고, 원하는 대로 되지도 않았다.

p는 점차 자기를 알아주지 못하는 세상을 원망하기 시작하였다. P는 한가지 중요한 문제를 가지고 있었던 것이다. 그것은 바로 자신의 능력을 너무 높게 평가하고 있다는 게 문제다. P가 회사를 다닐 때 일어난 매출은 자신의 능력도 있었지만 전 회사의 인지 도 때문에 영업이 쉬웠기 때문이다. 그러나 지금은 자신의 능력만을 믿고 창업을 하였 기 때문에 영업이 제대로 되지 않은 것이다. P는 결국 코칭을 의뢰하였고 코치는 p에 대하여 정확한 진단을 통해서 자신의 상황을 분석하게 하여 문제를 해결해 주었다.

우리네 인생의 모든 문제는 사람에 의해 만들어졌기 때문에 해답도 반드시 존재한다. 해결할 수 없는 문제는 결코 존재하지 않는다. 그러나 스스로 문제를 해결하기 어려운 이유는 문제를 객관적으로 보지 못하고 자기를 합리화 하는 쪽으로 문제를 풀려고 하다 보니 더욱 깊은 수렁에 빠지게 된다.

본인이 해결하지 못하는 문제는 결국 코칭을 받아야 한다. 코칭이 시작되면 코치는 코티의 상황을 정확히 분석하여 코티의 문제가 무엇인지, 혹은 코티가 불편해하고 괴로워하는 문제가 무엇 때문인지 명확히 알게 해준다, 결국 코치는 코티의 정확한 분석과 문제를 해결할 수 있는 대안의 제시를 통해 문제해결 행동을 선택할 수 있게 한다. 코치가 선택한 행동으로 문제가 완벽히 해결되지 않았다면 코치는 지속적으로 코칭을 해서 문제를 완전하게 해결할 수 있도록 도와준다.

만약, 코치와 코티의 문제에 대한 시각이 불일치한다면 해결해야 할 문제에 대해 합의해야 한다. 효과적인 코칭이란 코치와 코티 간의 협력관계에 의해서만 가능하기 때문이다.

09 | 경력 개발 코칭

지금까지 우리나라에서는 한번 취업한 직장이 평생직장이었기 때문에 회사가 연공서열에 의해서 승진 관리를 하므로 인하여 대부분의 조직 구성원들이 자기의 경력 개발이나 관리에 대해서 무관심했었다고 할 수 있다. 그러나 최근 기업마다 능력급이나 연봉제 들이 도입되고, 조기 퇴직 등 환경의 변화가 급격하게 일어나고 있어 자기의 경력을 어떻게 쌓아 나아가느냐 하는 일이 자신의 생존 문제와 직결되고 있다.

경력 개발은 개인이 설정한 성공을 이루거나 새로운 직종이나 직업에 진입하기 위하여 자신의 직업능력을 높이거나 해당 분야의 경력을 쌓아가는 것을 말한다. 경력 관리란 개인의 성공목표를 설정하고 이를 달성하기 위한 경력 계획을 수립하여 조직의 욕구와 개인의 욕구가 합치될 수 있도록 자신의 경력을 관리하는 활동을 말한다.

더욱이 평균수명의 연장에 따라 평생직장보다 평생직업의 중요성이 강조되고 있는 시점에서 예측하기 어려운 미래의 생존 전략은 바로 경력 개발과 관리가 필수가 되고 있다. 이에 따라 사회로 진출하려는 사람들은 자신의 경력 개발에 관심이 높아지고 있다. 기업에서도 인적자원관리에 있어 기존의 학벌이나 인맥보다는 능력주의 인사관리가 요구되고 있으며 또한, 전문적인 지식이나 능력을 갖춘 경력 개발을 더욱 중요시하고 있다.

B는 대학을 졸업한 두 아들을 둔 전업주부다. 아이들이 다 커서 중고등학교를 다니면서 여유시간이 많아졌다. B는 사회로 진출하고 싶어서 취업을 위한 여러 가지 교육을 받기 시작하였다. 그러나 막상 교육을 받을 때는 무언가를 할 수 있다는 자신감이 생기지만 막상 교육이 끝나갈수록 치열한 경쟁을 해야 한다는 생각에 스스로 포기하게 된 경우가 많았다. 그래서 현재 5개의 자격증을 가지고 대학원까지 진학해서 공부를 하고 있지만 하면 할수록 깊은 안개 속에 있는 것 같이 앞이 보이지를 않았다.

결국 B는 코칭을 받기도 하였다. 코치는 B가 가진 경력 중에서 가장 잘 할 수 있는 것을 발견할 수 있도록 도움을 주었다. B는 가장 잘할 수 있는 일을 선택하여 집중함으로써 직장에 취직할 수 있게 되었다.

　전문적인 교육과 사회 경험이 많은 코치는 코티에 대한 장점과 잠재능력을 분석할 수 있는 능력이 있다. 또한, 미래의 트렌드를 정확히 분석하고 그에 따라 코티가 어떤 일을 하면 좋은지를 정확히 진단할 수 있다. 그리고 직장 내에서는 성공적인 경력관리를 하기 위하여 필요한 모든 것을 컨설팅해 줄 수 있다. 오늘날처럼 고용불안이 증가하고 앞날이 불투명해져 가는 현대를 살아가려면 점차 커리어코치의 역할이 커지고 있다.

10 ㅣ 대인관계 코칭

사회생활은 인간관계의 시작이다. 사람 사는 세상을 인간(人間)이라 한 것은 사람들 사이에 적당한 거리가 있음을 의미한다. 그 거리가 멀고 가까운 정도에 따라 소원하고 친밀한 관계가 형성된다. 우리는 그런 관계를 인간관계 또는 인맥이라 하고 서양 사람들은 휴먼 릴레이션(human relation)이라고 한다. 인간관계가 개인이 지닌 능력 이상의 힘을 발휘하여 세상살이의 성패를 좌우할 때가 많다.

미국 카네기 멜론 대학에서 흥미로운 조사결과를 발표한 적이 있다. 사회적으로 성공한 사람들 10,000명을 대상으로 성공의 비결을 물어보았다. 그런데 종래의 성공조건이라 믿어왔던 지적 능력이나 재능이 성공에 미치는 영향은 불과 15%에 지나지 않았으며, 나머지 85%의 성공 요인은 바로 인간관계였다는 것이다. 조사 결과를 정리하면 아무리 지적능력과 재능이 뛰어나다 하더라도 인간관계에 대한 능력이 부족하면 성공을 이루기가 어렵다는 결론을 얻을 수 있다.

직장동료들과의 원만한 관계를 맺지 못하고, 따돌림을 당하는 직장인들은 사회성의 부족이 큰 원인이라 할 수 있다. 통상적으로 인간관계가 좋은 사람을 사회성이 좋다고 하며 사회활동, 집단활동을 즐기며 친구가 많고, 협동적이며, 인정이 많고, 남과 의견이 잘 맞으며, 충돌이 적은 특성을 가지고 있다고 본다. 반면에 사회성이 좋지 않으면 사회활동을 기피하고, 수줍어하고 고독을 일삼는 특성을 가지고 있다.

D는 대학을 졸업하고 직장에 취직한 신입사원이다. D는 영업직에 종사하고 있고 사무실에는 동료가 25명이 같이 근무하고 있다. 대학생활에서는 개방적이어서 자기가 하고 싶은 데로 살 수 있었지만, 사회생활은 폐쇄적이어서 직장의 문화에 적응하기가 쉽지 않았다. 특히 회사 내에서의 상급자와의 인간관계나, 거래처 회사 직원들과의 인간관계를 맺는 데 어려움이 많았다. 예전에는 가족이나 선배들로부터 인간관계를 하는 방법을 배웠지만 사회에서는 아무도 가르쳐 주는 사람이 없었다. 어느 범위까지 회사 동료들과 어울려야 하는지?, 회사 밖의 친구들과는 얼마만큼의 시간과 공을 들여 인간관계를 어떻게 맺어야 하는지, 영업을 촉진하기 위하여 고객들과는 어떻게 인간관

계를 맺어야 하는지 답답해져 갔다. 점차 D는 회사에서 인간관계를 잘하지 못하여 업무처리가 미숙하게 되어 고문관 소리를 듣게 되었고, 무능력한 사람으로 낙인이 찍혔다.

결국 D는 현재의 생활을 더 유지할 수 없었기 때문에 코칭을 받기로 결심하였다. 코치는 D의 생활습관과 기존의 인간관계의 특성을 분석하고, 회사 안팎에서 이루어지는 인간관계 방법에 대하여 코칭을 받았다. 코칭이 끝난 후 D는 인간관계를 맺는 것에 대하여 두려움이 사라지게 되고, 나름대로 회사에서도 인정받는 직원으로 인식이 바뀌게 되었다.

사회성이 부족하여 인간관계를 맺는 데 어려움이 많은 코티는 코칭을 통해서 자신에 대한 정확한 인간관계 습관을 분석 받고, 그에 따라 좋은 인간관계를 맺을 수 있도록 트레이닝 받게 된다. 코칭이 끝나면 코티는 좋은 인간관계를 맺는 방법을 배워 사회성 좋은 사람으로 생활할 수 있게 된다.

11 | 도전의식 고취 코칭

인생은 도전의 연속이다. 도전 앞에는 승리도 있고, 실패도 있다. 승리는 결코 우연의 산물이 아니요, 요행의 결과는 더욱 아니다. 그것은 곧 피 눈물나는 노력과 도전의 결정이요, 끊임없는 투쟁의 소산이다.

사람들은 성공한 사람들을 보게 되면 그 사람이 매우 특이한 사람이기 때문에 성공했거나 운이 매우 좋아서 하는 일마다 성공했기 때문이라고 생각하는 경향이 많다. 그러나 실제로는 그렇지 않다. 성공한 사람들을 보면 한 번의 성공을 위해 수많은 실패를 경험했기 때문에 그들의 성공이 더욱 빛나는 것이다.

어린아이들은 실패가 무엇인지를 모르기 때문에 수 만 번의 도전을 통해서 걸음마와 언어를 배웠다. 그러나 성인이 되면서 점차 세상을 알게 되고 도전하는 것이 어려울 것 같다는 생각에 스스로 포기하게 한다.

K는 은행에 다니는 10년차 직장인이다. 은행은 연봉도 괜찮고 근무조건도 좋았기 때문에 여가생활에 충실하였으며 가족과 함께 하는 시간에 대부분을 보냈다. 그런데 갑자기 잘 다니던 직장이 합병을 하기로 했으며, 고용승계를 1년만 한다는 청천벽력 같은 소리를 들었다.

앞으로 1년 정도후면 결국 새로운 일자리를 가져야 한다는 생각에 마음은 초조하였다. 그러나 지금까지 직장 생활만 충실히 하는 것에 익숙했지, 무언가를 해보려는 시도 자체를 해보지 않았기 때문에 K는 무엇부터 해야할 지를 전혀 몰랐다. 그리고 자신감이 부족했기 때문에 어떤 일을 해도 불가능할 것이라는 생각이 앞서서 어떤 일도 시작하지를 못하고 시간만 보냈다. 결국 K는 아무리 생각해봐도 마땅한 생각이 떠오르지 않아서 코칭을 받기로 하였다.

코치는 코티의 상황 분석을 통해서 코티에게 가장 맞는 일을 추천하고 도전하도록 항상 격려한다. 코칭과정 중에는 코티가 자신감을 가질 수 있도록 지속적으로 불가능이 없다는 것을 알려주고, 포기하지 않도록 한다. 에디슨이 오늘날 유명한 과학자로 알려진 것은 수많은 실패에 굴하지 않고 끊임없이 도전하여 위대한 업적을 남겼기 때문이다. 실패는 성공의 어머니라는 말을 남긴 에디슨이 수많은 실패를 겪고도 도전할 수 있었던 이유는 그의 옆에서 지속적인 격려와 도전 정신을 심어준 어머니라는 코치가 있었기 때문이다.

12 | 조직성과 코칭

기업은 성과를 올리는 것이 목표이다. 기업에서 원하는 성과라는 것은 생산성을 높이거나 직원들의 만족도를 높이는 일과 같이 기업의 효율성을 높이는 모든 것이라 할 수 있다. 과거에는 이러한 성과를 올리는 방법으로 지시하고 통제하여 개인으로부터 많은 일을 하도록 하는 것이었다. 분명 단기적으로는 일정의 성과를 올릴 수 있었다. 하지만 장기적으로는 오히려 역효과를 낳아 생산성을 저하하는 원인이 되고, 나아가 애써 키운 인재를 잃게 되는 현상이 생겨났다.

S는 혼자 개인 사업을 하다 특수를 만나 사업이 번창하여 직원 50명을 거느린 중소기업의 사장이 되었다. S는 자기 회사를 코스닥에 상장하고 싶은 생각에 정말 열심히 일했다. 그러나 S는 기업을 운영해 본 적이 없었기 때문에 커뮤니케이션 방법이나, 의사결정, 인간관계, 조직관리, 직원관리 등을 어떻게 해야 할지 미숙하여 직원들이 최선을 다하기에는 한계가 생겼다. 회사에 체계가 잡히지 않다 보니 직원들의 열정도 식었으며, 매출도 급격히 감소하기 시작하였다.

결국 S는 기업코칭을 받기로 하였다. 코치는 S의 회사에 대한 분석을 통해서 커뮤니케이션 방법이나, 의사결정, 인간관계, 조직관리, 직원관리 방법에 대한 코칭을 해주었다. S는 코칭이 끝난 후 회사는 자리를 잡아갔으며, 좋은 인재들이 찾아오는 회사로 성장하였고, 원하는 코스닥에 상장할 수 있었다.

요즘은 기업에서도 생산성을 높이기 위하여 코칭을 원하고 있다. 기업에서의 코칭은 코치가 직원들의 만족감을 높여 근무의욕을 높여주며, 커뮤니케이션을 코칭하여 조직의 자연스런 의사소통을 도와주고, 인간관계 코칭을 통해 조직력을 강화함으로써 조직의 성과를 높이는 일을 한다.

결론적으로 기업에서의 코칭은 일하기 좋은 환경을 만들어 직원들이 스스로 일을 하는 시스템을 구축하게 하고, 조직과 개인이 서로 협력적 관계를 형성하여 생산성을 높게 만들어 준다.

13 I 시간관리 코칭

　세상이 복잡해질수록, 개인의 역할이나 지위가 많아질수록 본인의 의사와는 상관없이 스케줄이 생기고 시간에 쫓기기도 한다. 하지만 자신이 사용하고 있는 시간을 객관적으로 분석해보면 대부분 시간 관리를 잘못하여 시간이 부족한 상태인 경우가 많다. 지금까지 성공한 사람들의 특징을 보면 시간 관리에서 성공한 경우가 대부분이다.

　시간관리를 잘 못하는 사람일수록 시간을 내는 것에 대하여 바쁘다는 핑계를 댄다. 그러나 진정으로 바쁜 사람은 바쁘다는 생각을 할 수 없을 만큼 바쁘기 때문에 바쁘다는 이야기를 하지 않는다. 결국 시간관리를 잘하지 못하기 때문에 일에 쫓겨 살고 여유 없는 삶을 살게 된다.

　시간관리는 습관의 결과인 데 시간관리 습관이 제대로 형성되어 있지 못한 사람에게 시간관리는 어려울 수밖에 없다.

　M은 보험회사를 다니는 직장생활 3년 차의 신입사원이다. M은 직장에 취업하자마자 결혼을 해서 1살짜리 아이를 두고 있다.M은 자유로운 회사의 분위기 때문에 출근해서 미팅을 하고 오전에 거래처 1곳을 들르고, 오후에 거래처 1곳을 방문하고 퇴근한다. 퇴근해서는 좋아하는 헬스클럽을 갔다가 집에 가서 가족과 함께 보내다 11시에 잠에 든다. 하루가 너무 바쁘게 지나간다고 생각한다. M의 입사동기인 K는 같은 나이 또래로 같은 시간을 가지고 오전에 거래처 2곳을 방문하고, 오후에도 2곳을 방문하고 퇴근한다. 퇴근 후에는 경력 개발을 위해 영어 학원을 다니고 집에 가서는 꼭 독서를 하다 12시에 잔다. 그렇지만 K는 항상 여유있는 생활을 한다. M은 K처럼 시간관리를 잘하고 싶었지만 습관이 되어 있지 않기 때문에 번번히 실패를 하였다.

　결국 M은 코칭을 받기로 결심하였다. 코치는 M의 시간 분배나 시간사용 습관을 분석하여, M에 어울리는 시간관리 방법을 알려주고, 지속적으로 체크를 해주었다. 지금은 K보다 더 시간관리를 잘하게 되었으며, 시간이 남아서 투잡을 고려하고 있다.

시간관리를 제대로 하지 못하는 사람은 코칭을 통해서 체계적이고 효율적인 시간관리 습관을 가질 수 있다. 코치는 코티가 가지고 있는 시간과 시간사용 습관을 분석하여, 시간을 어떻게 하면 짜임새 있게 잘 사용할 수 있는가에 도움을 줄 뿐만 아니라 적합한 시간관리 방법을 선택하게 하고 습관이 되도록 도와준다.

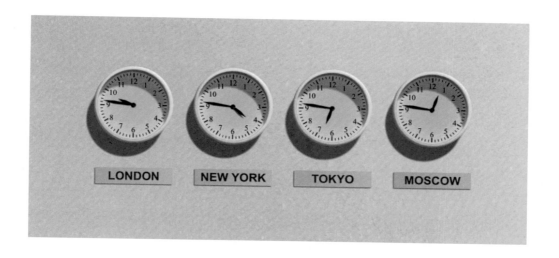

14 ㅣ 능력향상 코칭

요즘은 뛰어난 능력을 가진 사람들이 많다. 따라서 원하는 목표를 달성하기 위해서는 더 많은 노력을 해야 하는 사회가 되었다. 이제는 웬만한 능력을 가졌다고 해서 원하는 직업을 갖거나 생활을 유지하기는 어렵다. 능력을 보유한 것이 문제가 아니라 가지고 있는 능력을 어떻게 발휘하느냐가 문제인 시대가 되었다. 자신의 능력이 외부로 발휘될 때 그 사람의 진면목이나 능력도 알 수 있게 되었다.

자신이 아무리 많은 능력을 갖고 있다고 해도 능력을 발휘해서 성과를 올리지 못하면 능력이 없는 것과 마찬가지다. 누군가에게 좋은 결과로 인정받기 위해서는 능력을 얼마나 가지고 있느냐가 아니라 얼마나 발휘할 수 있느냐에 달려 있다.

'천재는 노력하는 사람을 이길 수 없고, 노력하는 사람은 즐기는 사람을 이길 수 없다.'는 말이 있다. 즉 아무리 많은 능력을 가지고 있다 하더라도 가지고 있는 능력을 100% 발휘할 수 있도록 최선을 다해 노력하는 사람을 이길 수 없다는 것이다. 또한, 아무리 자신의 능력을 발휘하기 위하여 최선을 다하는 사람도 일을 즐기면서 하는 사람은 이길 수 없다는 것이다.

사회는 좋은 결과를 내는 사람을 원하고 있으며 같이 일하기를 원한다. 따라서 성공하기 위해서는 자신이 가지고 있는 학력, 재능, 경력, 능력을 바탕으로 좋은 성과를 내는 것이 필요하다.

N은 30대 중반의 수학을 가르치는 학원강사이다. 시간관리를 잘해서 남는 시간은 모두 자기의 경력개발을 위해서 노력해서 자격증을 5개나 땄고, 영어 실력도 남들 못지 않게 갖추었으며, 자기계발에 대한 책도 많이 읽어서 해박한 지식을 가지고 있었다. 그러나 정작 많은 경력개발은 하였지만 자기 직장인 학원에서는 아무 것도 써먹지를 못했다. 처음에는 도전하는 마음으로 자기계발을 시작하였지만, 아무런 효과가 발생하지 못하였기 때문에 점차 싫증이 나기 시작하였다. 그러나 지금가지 들인 시간이 너무 아까워 지금의 경력이라도 써보고 싶었지만 뾰족한 아이디어가 떠오르지 않았다.

결국 N은 코칭을 받게 되었다. 코치는 N의 경력개발에 대하여 정확한 분석을 통해서 전문성있는 것들을 모아서 학원에서 능력을 발휘하는 방법을 제안하였다. N은 학원에서 자신감이 있었던 영어강좌를 개설하여 많은 원생들이 수강 신청하게 하였으며, 저녁에는 성인들 대상으로 하는 대학교 평생교육원에서 강의를 할 수 있게 되었다. N은 코칭을 받기 전에 비하여 2배 이상의 보수를 받을 수 있게 되었으며, 생활에도 활력이 생기게 되었다.

코치는 코티가 능력을 제대로 발휘하지 못하는 이유를 찾게 하고, 그에 대한 해결방법을 찾게 해주는 역할을 한다. 해결방법을 찾지 못하면 가장 좋은 방법을 선택하게 하고 그에 따라 실천하게 하여 원하는 목표를 달성하게 해준다. 이런 의미에서 코칭이란 능력있는 코티의 가능성을 한층 더 발휘할 수 있도록 지원하는 역할을 해야 한다.

15 ㅣ 자신감 코칭

자신감은 내 자신을 믿는 마음이다. 예전이나 지금이나 성공을 위한 첫걸음은 바로 자신감에서 출발하였기 때문에 내 자신에 대한 믿음이 없다면 할 수 있는 일이 거의 없다. 실제로 억대 연봉자나 사회적, 경제적으로 성공한 사람들은 일반적으로 자신감이 강한 사람들이다. 자신감은 자신에 대한 믿음이기 때문에 자신을 어떻게 보느냐에 따라 자신감의 정도에는 차이가 있다. 사람들은 마음의 거울 속에 비친 자신의 모습이 긍정적일 때, 스스로에 대한 자신감이 생긴다. 또한, 자신감은 주로 가정과 학교에서 다른 사람과의 관계나 경험을 통해서 형성된다.

자신감이 높은 사람일수록 자기 자신에 대해서 긍정적이고, 자기가 가치 있고 보람있는 삶을 영위한다고 생각하며, 확신을 가지고 행동하게 된다. 반면에 자신감이 낮은 사람은 자기평가에 대해서 회의적이며 자기를 무가치한 인물로 보며 자주 불안을 느끼고, 우울해지며 불행하다고 느낀다. 또한, 자기 자신에 대해 확신을 느끼지 못하며 행동도 불안정하고 소극적이다. 결국 사회생활에도 자신감이 없어 실패하는 인생을 살게 된다.

U는 중소기업을 20년을 다니고 있으나 만년 과장으로 재직하고 있다. U는 명문대학을 나왔으며, 직장 생활도 자신감있게 하였지만, 그러나 운이 없게도 번번히 진급을 하지 못하였다. U는 한번도 자기가 생각한 일을 실천하지 못한 적이 없었다. 자신감이 있었기 때문이다. 그러나 진급하지 못하여 만년 과장으로 재직하고 있으니 좌절감으로 자신감을 완전히 상실하였다. U는 자신감이 없어지다 보니 다른 사람에 비하여 능력이 없다고 생각하는 만성적인 열등감에 휩싸이게 되었다. 열등감에 빠지다 보니 자기 자신을 무능하고 무가치한 존재로 여기며, 자포자기하게 하여 아무 일도 할 수 없게 만들어 버렸다.

결국 U는 백수가 되었고, 그전까지 잘 나가던 모든 모임에 나가지 않았다. 결국 U는 코칭을 받기로 결심하였다. 코치는 U와의 상담을 통해 잠재능력과 장점을 파악하여 자신감을 갖도록 하였다. U는 사회생활에 대하여 자신감을 갖게 되었고, 현재는 경비

회사에 과장으로 취직하여 생활하고 있으며, 모임에도 나가서 예전처럼 활력을 갖고
살고 있다.

코치는 코티의 부족한 부분이 무엇인가를 정확히 꿰뚫을 뿐만 아니라 잠재능력이나
장점이 무엇인지를 정확히 발견해 낼 수 있는 전문가들이다. 따라서 코치는 코티의 잠
재능력과 장점을 발견하여 외부로 발현되도록 강화하고 북돋아 주는 역할을 함으로써
열등감을 버리고 자신감을 갖게 해준다. 자신감은 건강한 사회생활을 할 수 있는 기회
를 주며 원하는 목표를 달성하는 데 도움을 준다.

16 | 행복 코칭

행복이란 자신의 삶에 대한 자기만족이라 정의할 수 있다. 일반적으로 행복의 조건이라면 돈, 건강, 인간관계, 심성 등이라 할 수 있을 것이다. 사람에 따라 행복감을 느끼는 조건은 다양하고, 행복의 조건을 갖추었다고 해도 그 보유의 정도에 따라 행복의 깊이가 다르다고 볼 수 있다.

행복은 이처럼 상대적인 것이라 같은 사안을 가지고도 행복감의 차이는 크다. 남들이 보기에는 행복해 보이지만 정작 본인은 불행한 경우가 의외로 많다.

O는 부유한 집안에서 태어나 지방대학을 나왔지만, 집안의 혜택으로 외국 연수도 다녀왔다. 그리고 아버지의 소개로 아버지 친구가 운영하는 대기업에도 취직하게 되고 집안이 좋은 사람과 결혼도 하게 되었다. 어차피 진급을 생각하지 않았기 때문에 직장 생활도 쫓기지 않게 하였기 때문에 남는 시간은 전부 여가 생활하는 데 보내며 살고 있다. 그런데 아쉬운 것이 없었던 O는 지방대학을 나온 것이 사회 생활하는 데 걸림돌이 되는 것을 느끼기 시작하였다. 큰 문제는 아니고 단지 자격지심이었지만 학교 이야기만 나오면 자신감을 잃고 뒤로 빠지려는 자신을 발견하게 되었다. 결국 O는 자기보다 좋은 학벌을 가진 사람들에 대한 적개심이 생기고, 그로 인해 좋은 인간관계를 맺는 데 한계가 생겼다.

결국 O는 자신이 불행하다고 생각하고 코칭을 받기로 하였다. O는 코칭을 받으면서 자신이 불행하다고 생각하는 것이 배부른 고민이었다는 사실을 깨닫게 되었고, 지금은 행복한 생활을 영위하고 있다.

코치는 코티가 인생을 살면서 코티가 행복의 조건이라고 생각하는 요소를 충족 시키기 위한 방안을 모색하고 행복한 생활을 하는 데 방해가 되는 요소는 감소시키거나 없애는 방법을 제시해준다. 즉 코티가 현재보다 더욱 만족스럽고 행복감을 느끼며 살 수 있도록 도움을 준다. 코칭을 통하여 코티는 더 나아진 자신의 삶을 발견하게 되며, 만족감이 높아지고 행복해진다.

17 | 정신건강 코칭

정신적 건강과 육체적 건강은 밀접하게 연관되어 있다. 보통 정신에 장애나 이상이 생기는 정신병은 나와는 무관하다고 생각한다. 그러나 현대인들이 많이 앓고 있는 정신 질환인 '스트레스'는 정신 건강뿐만 아니라 육체적인 질병의 원인이 되는 경우가 많다. 결국 정신 건강은 육체 건강에 중요한 영향을 준다는 것을 알 수 있다. 정신이 건강하지 못하면 사회에 적응하기 어렵고 삶의 질이 떨어지면서 정상적인 생활을 하기 어렵다.

E는 중소기업을 다니며 회사에서 인정받는 과장이다. E과장은 회사에서 일 잘하는 사람으로 인정받기 위하여 야근을 자주하다 보니 자연적으로 집에 소홀해지기 시작하였다. 자연적으로 일에 빠져 있다 보니 중학생이 된 외아들에게 관심을 갖지 못하였다. 그러나 E과장이 회사 생활에 빠져 있는 동안 외아들은 사춘기를 맞고 집에서는 말수가 적고 성적은 떨어지기 시작하였다. E과장은 직장 일에 회의를 갖고 집에 일찍 퇴근하여 자녀와 대화를 하고 싶었지만 이미 너무 관계는 소원해졌다. E과장은 자식 생각만 하면 사는 것이 재미가 없어졌다. E씨는 매일 나는 어떤 부모인가?, 좋은 아버지가 되기 위해 무엇을 해야 하는지?", "무엇을 하지 말아야 하는지?", "자녀의 학습지도는 어떻게 해야 하는지?" 등에 대해 항상 고민하고 있다. 그래서 그런지 집에만 오면 스트레스를 받았으며, 회사에 가서도 집안 일이 생각나 일이 제대로 손에 잡히지 않았다. 밥맛도 없어져 사는 것도 즐겁지 않았으며, 말라가고 있는 자신을 발견하고 더 방치할 수 없어서 코칭을 받았다.

E는 코칭을 받으면서 좋은 부모가 되기 위한 훈련을 통해 좋은 부모가 되었다. 자연적으로 가정에서의 문제가 해결되었으며, 정신적으로도 건강을 되찾았다.

코칭의 목표는 단순히 외형적인 발전이나 목표달성도 중요하지만 사회생활 속에서 생기는 부적응 현상의 수정이나 적응하는 데 도움을 줌으로써 적극적으로 정신 건강을 촉진하는 데 있다. 정신적으로 건강한 사람은 책임감이 있고, 독립적이며, 인격적으로 성숙한 사람이 된다. 그러므로 코칭은 정신질환의 원인이 되는 여러 가지 심리적 문제점을 제거하고 자신감을 얻도록 해준다.

결국 정신 건강을 증진하는 것은 사회생활에 대하여 자신감을 얻어 정상적인 성장과 발달을 촉진하는 것이다. 성장과 발달은 결국 자신의 목표에 도달하 게 하는 원동력이 되게 한다.

18 ㅣ 동기부여 코칭

동기는 사람으로 하여금 행동을 일으키게 하는 내적인 요인을 말한다. 따라서 동기부여는 어떤 행위에 있어 그 행위의 목표달성을 위한 의지를 불어넣는 동기를 만들어 주는 것을 의미한다.

동기부여는 말 그대로 마음이 움직이도록 하는 것이다. 마음이 움직여야 몸도 움직이기 때문이다. 무엇인가를 하고자 하는 욕구가 있어야만 가능한 것이다.

S는 대학을 졸업하고 여러 번 입사원서를 내었지만 번번히 낙방을 하였다. S는 계속되는 실패 속에서 자신감을 완전 상실하여 이제 도전이라는 것 자체가 두려워졌다. S는 도전하는 싶은 생각은 고사하고 아무것도 하고 싶지 않은 자포자기 속에 깊게 빠졌다. S는 집에서 하는 일 없이 빈둥 빈둥 노는 것으로 소일하였다. S의 부모님은 걱정이 많아져서 S에게 학원 다니기를 권유도 해보고, 친구도 만나라고 권유를 해보았다. 그러나 S는 꼼짝도 하지 않았다.

결국 S의 부모님은 S를 코칭받기로 하고 코치를 불러서 만나게 하였다. 코치는 S가 가지고 있는 잠재능력을 파악하고 개발하여 다시 동기를 갖게 해주었다. S는 다시 무언가를 해야겠다는 동기를 갖게 되고 다시 건강한 사회생활을 시작하게 되었다.

목표를 달성하려면 어떻게 해서든 꼭 달성하겠다는 강한 의지와 함께 몸이 움직이는 실천력이 필요하다. 동기부여는 강한 의지와 실천력을 부추기는 일종의 촉매제 역할을 한다. 코치는 코티에게 잠재능력을 개발하여 성공으로 이끄는 역할을 수행함으로 코티에게 문제해결과 성공하겠다는 동기를 부여해 준다.

19 | 목표달성 코칭

성공을 원하는 사람은 목표가 있다. 코칭을 시작하는 코티는 자신의 행동의 변화에 대한 목표를 세워야 한다. 목표를 세우는 것은 누구나 할 수 있지만, 목표를 실천하는 것은 아무나 할 수 없다. 따라서 목표를 실천하기 위해서는 강인한 의지가 필요하며, 이러한 강인한 의지는 스스로의 훈련을 통해서 습득할 수도 있지만 쉽지 않다.

Y는 30세의 미혼 여성이다. Y는 평범한 직장을 다니다 염증을 느껴 새로운 직업을 가지려고 하였다. 그래서 항상 직장을 다니면서 새로운 직업을 갖기 위하여 공부를 하였다. 그러나 의지가 약하여 어떤 공부를 하던지 오래가지 못하고 중간에 그만 두었다. 그렇게 3년간을 소모하고 나서 자신의 의지력이 약한 것을 탓하였다.

결국 이 상태로는 자신의 목표를 달성할 수 없다는 생각에 코칭을 받기로 결정하였다. 코치는 Y의 현상황을 분석하고, 적성검사를 통해서 Y가 가장 잘할 수 있는 일을 선택하여 집중하기를 권했다. Y는 코치의 말에 따라서 공부를 다시 시작하였고, 코치는 Y가 포기하지 않도록 지속적으로 목표를 달성할 수 있도록 조언을 하였다. Y는 6개월 만에 자기가 원하는 직종을 선택하여 취업을 할 수 있게 되었다.

코치는 코티의 계획대로 목표달성을 도와주며, 계획을 세우지 못한 코티에게는 계획을 세워주고 목표 달성을 할 수 있도록 도와준다. 계획을 세우는 것은 누구나 다 할 수 있지만, 목표를 달성하는 일은 쉬운 것부터 어려운 것까지 다양하다. 코치는 어떤 목표든지 그 분야의 전문적인 코치로 코티가 이루고자 하는 목표를 이루게 해준다.

부록

01 ㅣ 상담신청서

접수자		접수일	20 . . .

성 명		성별/나이	남 · 여 / 만 세
생년월일		연락처	
회사명		업무	
거주지	① 자가( ) ② 친척( ) ③ 기숙사( ) ④ 자취( ) ⑤ 기타( )		
신청경로	□ 심리검사 결과 □ 자원 □ 기타 ( )		

1. 현재의 문제나 고민사항

상담목적	□ 직무스트레스	□ 우울증	□ 자존감	□ 학업/진로
	□ 정신건강	□ 성	□	□ 컴퓨터/인터넷 사용
신청사유				
직무스트레스	정상군	위험군		고위험군
	정상군	위험군		고위험군
상담경험	① 아니오( ) ② 예( )(언제 : (개월) / 기관 : / 이유 :)			
복용약물	① 없다( ) ② 있다( )(언제부터 : / 복용약물 :)			

2. 가족사항(개인상담 신청자만 작성해주시기 바랍니다.)

관계	연령	직업	학력	종교	동거여부	친밀도(1:매우 나쁨 - 5:매우 좋음)				
						1	2	3	4	5
						1	2	3	4	5
						1	2	3	4	5
						1	2	3	4	5
						1	2	3	4	5

위와 같이 상담신청서를 제출합니다.

20 년 월 일 신 청 자 :   (서명)

00기관 귀중

02 | 상담 계약서

EAP 상담 과정에서 EAP전문가와 내담자는 상호신뢰를 바탕으로 내담자의 문제를 해결하기 위하여 서로 노력한다. 성공적인 상담을 위해서 우리는 다음 사항에 동의하며 성실히 수행할 것을 약속한다.

1. EAP 상담은 상담가나 전문 의사가 하는 정신질환, 질병, 약물 중독에 대한 치료가 아니다. 또한, EAP 전문가는 법률에서 정한 면허나 자격을 갖추지 않았으므로 의학적 조언, 재정 원조, 법률 상담 등 법률이 정한 자격을 갖춘 행위에 대해서는 상담을 요구해서는 안 된다.

2. EAP 상담은 기본적으로 내담자가 가지고 있는 다양한 삶 속에서 생기는 문제를 분석하여, 환경에 잘 적응하게 하며, 정신적으로 건강하게 하고, 효과적으로 지위와 역할을 수행하면서, 자신의 삶에 변화를 만들고, 결국은 원하는 성공에 이르고자 하는 사람들을 위한 것이다.

3. EAP 상담은 삶 속에서 생기는 다양한 문제를 다루기 위해 고안된 것이다. 따라서 EAP전문가는 모든 분야의 전문성을 가지고 모든 부분의 문제를 해결하거나 목표를 달성하게 하는 것이 아니라 특정 분야에 대한 전문가를 말한다. 따라서 내담자 _____는_____분야에 대하여 상담을 받는다.

4. EAP 상담에서 포함될 내용은 직무스트레스, 우울증, 경력 개발, 인간관계 향상, 자신감 획득, 생활 방식 관리, 시간관리, 자아 정체감 형성, 결정 내리기, 그리고 단기 또는 장기 목표 달성하기 등이 포함될 수 있다.

5. EAP 상담은 기본적으로 __회기 동안 실시하기로 한다. 단 어느 때든 한편에서 관계를 끝낼 수는 있으며, 원하는 목표가 달성되면 바로 끝낼 수 있다.

6. EAP 상담 방법은 면대면을 원칙으로 하나 경우에 따라서는 비대면, 전화나 이메일을 통하여 이루어질 수 있다.

7. EAP 상담 과정에는 비전 세우기, 필기 과제 완성, 인생의 목표 세우기, 행동 실천하기, 생활방식 점검, 그리고 질문하기가 포함되므로 내담자는 이에 순응하여야 한다.

8. EAP 상담은 신뢰에 있으므로 EAP전문가와 내담자는 항상 솔직하고 정직하고 서로를 배려해야 한다.

9. 만일 상담 서비스에 대한 보수 문제가 포함될 것이라면, 상담을 시작하기 전에 양측은 스케줄, 비용, 결제수단, 사전 약속이 취소될 시 반환 문제를 거론해야 한다.

예) EAP를 받는 비용은 _____원으로서 결제수단은 현금으로 상담이 시작되기 전에 입금하여야 한다. 중간에 계약이 취소될 시는 비용/기간으로 나누어 남은 기간을 곱하여 반환한다.

10. 상담은 비밀이 보장되는 내밀한 유대 관계이며, EAP전문가는 비밀을 지키는 것이 법률을 위반하는 경우가 아닌 한, 모든 정보에 대해 엄격하게 비밀을 보장할 것을 동의한다.

EAP전문가와 내담자는 위의 사항에 동의하며 그 결과를 아래와 같이 서명한다.

20 년   월   일

서명 (내담자) ： 000   서명(EAP전문가) ： 000

03 | 상담 일지

내담자		전화번호	
상담일시		상담장소	
작성자		건강상태	
준비물			
상담 내용			
결과			

04 I EAP전문가 양성과정(2일 과정)

□ 교육 내용
O 교육기간 : 20 년 월 일( )~ 월 일( )

오전 10:00~오후 18:00(총 15시간)

O 교육 장소 :

O 모집 인원 : 20명

O 수 강 료 : 30만원(강의 교재, 자격증 발급비 포함)

□ 배 경
O 기업의 생산성 향상과 직원의 복지를 향상시키기 위하여 EAP를 도입하는 기업의 증가로
인한 전문가 필요

O EAP 시장은 성장하는 단계이므로 전망이 매우 밝은 분야임

O EAP 시장의 확대로 EAP전문가를 필요로 하는 곳이 많아짐으로써 EAP전문가로 활동할
기회가 많음

□ 학습목표
O EAP 전문가가 될 수 있다.

O EAP 기업상담사가 될 수 있다.

O EAP 코치가 될 수 있다.

O EAP 컨설턴트가 될 수 있다.

O EAP 프로그램을 개발할 수 있다.

O EAP 프로그램을 적용할 수 있다.

O EAP전문가가 되어 심리상담을 할 수 있다.

□ 모집 대상

○ 심리상담사

○ 심리상담 관련 종사자

○ EAP관련 종사자

○ 심리상담을 하고 싶은 자

□ 세부내용

구분	시간	강의 제목	강사
1일차	10:00~11:00	오리엔테이션 및 EAP의 개념과 이해	
	11:00~12:00	EAP의 역사와 사례, 필요성	
	13:00~14:00	EAP 관련 법규와 도입조건	
	14:00~15:00	EAP 유형과 주요 사업	
	15:00~16:00	EAP의 효과와 EAP 전문가	
	16:00~18:00	EAP 상담과정(계약, 상담준비 단계)	
2일차	10:00~11:00	EAP 상담과정(상담시작, 상담진행 단계)	
	11:00~12:00	EAP 상담과정(평가 단계)	
	13:00~14:00	스트레스의 원인과 해결 1	
	14:00~15:00	스트레스의 원인과 해결 2	
	15:00~16:00	치유 프로그램	
	16:00~17:00	코칭 전략	
	17:00~18:00	실습 / 질의 응답 및 수료식	

05 | EAP전문가 양성과정(40시간 과정)

Ⅰ. 사업 개요

□ **사 업 명** : EAP를 위한 EAP전문가 양성 과정

□ **교육 기간** : 20 년 월 일( )~ 월 일( )

　　　　　　　오전 09:00~오후 13:00 (총 10회 40시간)

□ **교육 장소** :

□ **모집 인원** : 30명

□ **수 강 료** : 무료

□ **소요 예산** : 지자체의 예산에 따라 변경

□ **위탁 기관** :

□ **사업 범위**

　○ 교육 프로그램 운영을 위한 전문 강사진 구성 및 섭외

　○ 과정 신청자 상담 접수 및 교육생 선발

　○ 과정 운영을 위한 전반적인 사항(교육장 준비, 강사 및 교육생 관리, 현수막 교재) 준비

　○ 회차별 교육 진행 후 강사 및 강의 평가를 통한 만족도 조사

　○ 학습 성과 제고를 위한 체계적인 학사관리

　○ 사업 종료 후 15일 이내 결과 보고서 및 사업 정산서 제출

2. 사업 목적

☐ 배 경

- 기업의 생산성 향상과 직원의 복지를 향상시키기 위하여 EAP를 도입하는 기업의 증가로 인한 전문가 필요
- EAP 시장은 성장하는 단계이므로 전망이 매우 밝은 분야임
- EAP 시장의 확대로 EAP 전문가를 필요로 하는 곳이 많아짐으로써 EAP 전문가로 활동할 기회가 많음

☐ 학습목표

- EAP 전문가가 될 수 있다.
- EAP 기업상담사가 될 수 있다.
- EAP 코치가 될 수 있다.
- EAP 컨설턴트가 될 수 있다.
- EAP 프로그램을 개발할 수 있다.
- EAP 프로그램을 적용할 수 있다.
- EAP전문가가 되어 심리상담을 할 수 있다.

3. 사업 내용

☐ 프로그램의 개발

- 정책적으로 미래에 유망한 직업을 바탕으로 개발
- 수강생들의 적극적인 참여를 유도할 수 있는 프로그램 개발
- 과정 종료 후에 실질적인 도움이 될 수 있는 프로그램 개발
- 수강생의 만족도가 높은 프로그램 개발
- 과정 종료 후에 전원 취업할 수 있는 프로그램 개발
- 유관 기관과 긴밀한 네트워크 형성을 통한 프로그램 개발

□ 프로그램의 운영

○ 지속적인 참여를 위한 체계적인 학사관리 시스템 구축

○ 과정 진행 중 개인 면담을 통한 비전 설정

○ 수료 후 전부 취업할 수 있도록 맞춤형 진로 코칭

○ ○○시의 프로그램으로 안착할 수 있도록 운영

□ 모집 대상

○ 심리상담사

○ 심리상담 관련 종사자

○ EAP관련 종사자

○ 심리상담을 하고 싶은 자

□ 운영 인원

순서	구분	인원	업무
1	책임지도 강사	1명	전반적인 프로그램 운영
2	전문 강사	3명	수업 진행
3	보조 강사	1명	수업 보조

□ 홍보 계획

○ 관내 관련 기관에 수강생 모집 협조 공문 발송

○ 시청 홈페이지에 수강생 모집 홍보

○ 시청 관련 홈페이지에 수강생 모집 홍보

○ 관내 주민자치센터에 모집 홍보

○ 유관기관 및 관련 단체에 수강생 모집 협조

○ 현수막과 구전을 통한 홍보

□ 교육 일정

회차	일정	강의 제목	강사
1	월 일	오리엔테이션 및 EAP의 개념과 이해 EAP의 역사와 사례, 필요성	
2	월 일	EAP 관련 법규와 도입조건 EAP 유형과 주요 사업	
3	월 일	EAP의 효과와 EAP 전문가	
4	월 일	EAP 상담과정(계약, 상담준비 단계)	
5	월 일	EAP 상담과정(상담시작, 상담진행 단계. 평가 단계)	
6	월 일	스트레스의 원인과 해결 1	
7	월 일	스트레스의 원인과 해결 2	
8	월 일	치유 프로그램	
9	월 일	코칭 전략	
10	월 일	실습 / 질의 응답 및 수료식	

4. 교육 수료 후 진로

□ 기대 효과

  ○ EAP 전문가가 될 수 있다.

  ○ EAP 기업상담사가 될 수 있다.

  ○ EAP 코치가 될 수 있다.

  ○ EAP 컨설턴트가 될 수 있다.

  ○ EAP 프로그램을 개발할 수 있다.

  ○ EAP 프로그램을 적용할 수 있다.

  ○ EAP전문가가 되어 심리상담을 할 수 있다.

06 | EAP전문가 양성과정(100시간 과정)

1. 사업 개요

□ 사 업 명 : EAP를 위한 EAP전문가 양성 과정

□ 교육 기간 : 20 년 월 일(화)~ 월 일( )

　　　　　　　오전 09:00~오후 13:00(총 25회 100시간)

□ 교육 장소 :

□ 모집 인원 : 30명

□ 수 강 료 : 기관의 실정에 따라 변경

□ 위탁 기관 :

2. 사업 목적

□ 배 경
  ❍ 기업의 생산성 향상과 직원의 복지를 향상시키기 위하여 EAP를 도입하는 기업의 증가로
    인한 전문가 필요
  ❍ EAP 시장은 성장하는 단계이므로 전망이 매우 밝은 분야임
  ❍ EAP 시장의 확대로 EAP전문가를 필요로 하는 곳이 많아짐으로써 EAP전문가로 활동할
    기회가 많음

□ 학습목표
  ❍ EAP 전문가가 될 수 있다.
  ❍ EAP 기업상담사가 될 수 있다.
  ❍ EAP 코치가 될 수 있다.

○ EAP 컨설턴트가 될 수 있다.

○ EAP 프로그램을 개발할 수 있다.

○ EAP 프로그램을 적용할 수 있다.

3. 사업 내용

□ 프로그램의 특징

○ 정책적으로 미래에 유망한 직업을 바탕으로 개발

○ 수강생들의 적극적인 참여를 유도할 수 있는 프로그램 개발

○ 과정 종료 후에 실질적인 도움이 될 수 있는 프로그램 개발

○ 수강생의 만족도가 높은 프로그램 개발

○ 과정 종료 후에 전원 취업할 수 있는 프로그램 개발

○ 유관 기관과 긴밀한 네트워크 형성을 통한 프로그램 개발

□ 프로그램의 운영

○ 지속적인 참여를 위한 체계적인 학사관리 시스템 구축

○ 과정 진행 중 개인 면담을 통한 비전 설정

○ 수료 후 전부 취업할 수 있도록 맞춤형 진로 코칭

○ ○○시의 특성화 프로그램으로 안착할 수 있도록 운영

□ 모집 대상

○ 심리상담사

○ 심리상담 관련 종사자

○ EAP관련 종사자

○ 심리상담을 하고 싶은 자

□ **교육 일정**

회차	주제	강의 내용	방법
1	EAP의 정의와 필요성	오리엔테이션 및 EAP의 개념과 이해	강의
		EAP의 역사와 사례, 필요성	
		EAP 관련 법규	
		EAP 도입조건	
2	EAP 주요 사업	EAP 유형 1	강의
		EAP 유형 2	
		상담 서비스	
		생활 지원 서비스	
3		경영관련 서비스	강의
		프로그램 서비스	
		위기 상황 관리 서비스	
		EAP 촉진 서비스	
4	EAP의 효과	EAP 도입의 필요성	강의
		근로자 측면	
		기업적 측면	
		EAP의 효과	
5	EAP전문가	EAP전문가의 직무와 자격 기준	강의
		EAP전문가의 조건	
		EAP전문가의 역할	
		EAP전문가의 전망	
6	EAP 상담과정	EAP 적용 과정	강의
		계약 단계	
		상담준비 단계	
		상담시작 단계	
7		상담진행 단계	강의 실습
		상담종결 단계	
		상담결과 평가 단계	
		실습	

회차	주제	강의 내용	방법
8	스트레스의 원인과 해결	스트레스의 정의	강의
		스트레스의 원인	
		스트레스의 특징	
		좋은 스트레스와 나쁜 스트레스	
9		스트레스의 진실	강의
		스트레스의 증상	
		스트레스가 건강에 미치는 영향	
		스트레스의 자가 치유능력	
10		스트레스의 해소 방법	강의
		스트레스의 예방 방법	
		스트레스 해소 실습	
		스트레스 해소 실습	
11	치유 프로그램	치유 프로그램	강의
		여행치유	
		요리치유	
		아로마치유	
12		미술치유	강의
		음악치유	
		스마트치유	
		걷기치유	
13		댄스치유	강의 실습
		치유 실습	
		치유 실습	
		치유 실습	
14	코칭전략	코치와 코칭의 정의	강의 실습
		코칭의 목적	
		코칭관련 용어 비교	
		코칭의 필요성	

회차	주제	강의 내용	방법
15	코칭전략	욕구 단계별 코칭	강의 실습
		의사결정 코칭	
		문제 해결 코칭	
		경력 개발 코칭	
16		욕구 단계별 코칭	강의 실습
		대인관계 코칭	
		도전의식 코칭	
		시간관리 코칭	
17		능력향상 코칭	강의 실습
		자신감 코칭	
		행복 코칭	
		정신건강 코칭	
18		동기부여 코칭	강의 실습
		목표달성 코칭	
		코칭실습	
		코칭실습	
19	상담 실습	상담신청서 작성	강의 실습
		상담 계약서 작성	
		상담 일지 작성	
		실습	
20	EAP 실습	EAP 실습 1	강의 실습
		EAP 실습 2	
		EAP 실습 3	
		EAP 실습 4	
21	강사트레이닝	강의를 빛나게 하는 강의전략 및 교수법	강의 실습
		강의를 더욱 풍요롭게 하는 교수법	
		강의 효과를 높이는 핵심 강의전략	
		창의력과 상호작용을 높이는 교수법	

회차	주제	강의 내용	방법
22	강사트레이닝	강의에 날개를 달아 주는 스피치	강의 실습
		강의에 보약이 되는 보디랭귀지	
		강사의 비언어적 커뮤니케이션	
		강의 옷차림 등 강사의 이미지메이킹	
23	검사지를 통한 진단 실습	검사지를 통한 진단 실습 1	강의 실습
		검사지를 통한 진단 실습 2	
		검사지를 통한 진단 실습 3	
		검사지를 통한 진단 실습 4	
24	실전 모의 코칭	실전 모의 코칭 및 피드백 1	실습
		실전 모의 코칭 및 피드백 2	
		실전 모의 코칭 및 피드백 3	
		실전 모의 코칭 및 피드백 4	
25	정리 및 수료	1:1 개인코칭	강의
		강사 프로모션	
		과정 정리 및 평가	
		수료식	

4. 교육 수료 후 진로

○ EAP 전문가가 될 수 있다.
○ EAP 기업상담사가 될 수 있다.
○ EAP 코치가 될 수 있다.
○ EAP 컨설턴트가 될 수 있다.
○ EAP 프로그램을 개발할 수 있다.
○ EAP 강사가 될 수 있다.

참고 문헌

<국내문헌>

강동묵 외(2005). 「직무 스트레스의 현대적 이해」. 고려의학.

고유상 외 3인(2012). 「헬스케어 3.0 건강수명의 시대 도래」. 삼성경제연구원.

고윤희. 박성현(2014). 상담자의 전문성 발달 과정에 대한 연구. 한국심리학회지: 상담 및 심리치료. Vol. 26(4). pp. 805-839.

김봉환(2012). 조화와 통합 지향 카운슬링을 위한 상담자 역량 탐색. 상담학연구. Vol. 13(6). pp. 2697-2713.

김수진(2010). 선원들의 직무 스트레스와 직무만족도가 고용지원프로그램 욕구에 미치는 영향. 석사학위논문. 경성대학교 대학원.

김찬규(2012). 종업원들의 직무 스트레스 관리전략에 관한 연구. 충주대학교 경영행정대학원.

김상화(2020). 심리상담 국가직무능력표준(NCS) 기반 전문상담사의 직무요구 및 개선방안. 석사학위논문. 영남대학교 대학원.

김선경(2002). 기업상담의 실제와 전망. 대학생활연구 : 한양대학교 대학생활연구. Vol. 20. pp. 53-64.

김선경·김수임·김하나(2017). 중소기업 EAP담당자의 상담운영 경험에 관한 현상학적 연구. 상담학연구. Vol. 18(3). pp. 351-374

김수향. 탁진국(2011). 진로 및 직업 상담자의 역량진단검사 개발 및 타당화 연구.

김수현(2013). 사용자특성이 근로생활의 질(QWL)에 미치는 영향: 근로노동자지원프로그램(EAP)의 매개효과를 중심으로. 인하대학교 대학원.

김인규(2018). 국내 상담자격의 현황과 발전방안. 한국심리학회지 상담 및 심리치료. Vol. 30(3). pp. 475-493.

김재형(2014). 新 기업상담 모형의 개발에 한 연구. 박사학위논문. 홍익대학교 대학원.

김정희(2014). 기업상담 세 주체 인식 비교를 통한 기업상담 운영활성화과제 탐색. 석사학위논문. 경북대학교 대학원.

김진숙(2005). 상담자교육에서 성찰적 실천의 의미와 적용. 한국심리학회지: 상담 및 심리치료. Vol. 17(4). pp. 813-831.

김진숙(2006). 성찰적 수퍼비전 접근에 대한 이론적 고찰. 한국심리학회지: 상담 및 심리치료. Vol. 18(4). pp. 673-694.

김춘경 외(2015). 심리상담사전. 학지사.

김치풍(2011). 「직원건강도 평가한다? 건강성과표(Wellness Scorecard)」. 삼성경제연구소.

김하나(2010). 기업상담 운영 효과성 평가지표의 상대적 중요도 산출 - 내부 모델 을 중심으로-. 석사학위논문. 서울대학교 대학원.

김효정(2017). 숙련 기업상담자의 직업적응 과정. 박사학위논문. 숙명여자대학교 대학원.

남현주(2014). 기업 내 상담자의 역량 모델 개발을 위한 탐색적 연구. 박사학위논문. 부산대학교 대학원.

남현주(2014). 기업 내 상담자의 역량 모델 개발을 위한 탐색적 연구. HRD 연구. Vol. 16(1). pp. 169-206.

남현주. 송연주(2016). 기업상담자 소진에 관한 질적 연구. 한국심리학회지: 상담 및 심리치료. Vol.28(3). pp.915-942.

류진혜(2002). 기업에서 전문상담자 교육 프로그램의 적용과 성과. 한양대학교 대학생활연구. Vol. 20. pp. 65-76

류희영(2008). 우리나라 기업상담의 실태 및 활성화 과제 -기업상담자의 인식을 기반으로-. 석사학위논문. 서울대학교 대학원.

박공기(2014). 직무 스트레스가 EAP 프로그램 도입 의도에 미치는 영향에 관한 연구- 사무·관리직 근로노동자를 중심으로-. 석사학위논문. 서경대학교 대학원.

박명진(2011). 근로노동자지원프로그램(EAP)의 활성화 방안에 대한 탐색적 접근 : 프로그램 유형별 비교연구를 중심으로. 석사학위논문. 중앙대학교 대학원.

박민근·박민수(2009). 「건강경영」. 전나무 숲.

박시현. 연문희(2009). 의사소통 집단상담 프로그램이 의사소통. 대인관계. 스트레스와 직무만족에 미치는 효과연구-기업장면을 중심으로-. Vol. 10(2). pp. 887-910.

박성현(2013) 상담자의 전문성 발달 과정에 한 연구: 자기성찰 경험을 중심으로. 석사학위논문. 서울불교대학원대학교.

변시영(2017). 내담자 자살 관련 사건을 경험한 기업상담자의 극복 과정에 대한 근거이론 접근. 한양대학교. 박사학위논문.

변시영·조한익(2015). 기업상담 초심자와 숙련자가 인식한 역할 및 역량에 대한 질적 연구. 상담학연구. Vol. 16(6) pp. 529-551.

성기호(2005). 산업재해예방을 위한 EAP제도 검토: 건설업 근로노동자의 음주실태를 중심으로. 석사학위논문. 동국대학교 대학원.

손은정·유성경·심혜원(2003). 상담자의 자기 성찰과 전문성 발달. 상담학연구. Vol. 4(3). pp. 367-380.

심윤정(2012). 기업 상담자의 기업 내 적응 경험에 대한 내러티브 탐구 : 대기업 내 여성 상담자를 중심으로. 상담학연구. Vol. 13(4) pp. 1819-1843.

심흥섭. 이영희(1998). 상담자 발달수준 평가에 관한 연구. 한국심리학회지: 상담 및 심리치료. Vol. 10(1). pp. 1-28.

안미나(2011). 의료종사자의 MBTI 성격 유형에 따른 직업스트레스와 직무만족에 관한 연구. 경기대학교.

안병훈(2008). 공무원의 여가활동과 직무 스트레스. 직무만족 및 삶의 질의 관계. 석사학위논문. 경기대학교 대학원.

양정하(2019). 도박중독 상담자 역량모형 개발. 박사학위논문. 경성대학교대학원

왕은자·김계현(2007). 근로노동자지원프로그램(EAP) 및 기업상담의 연구동향 분석: 효과 연구를 중심으로. 「상담학연구」. 제8권 제4호(통권48호), 한국상담학회.

우룡(2005). 우리나라 근로자 지원 프로그램의 실태 및 욕구분석 . Vol.8(2005). pp. 75-99

우종민(2009).「근로노동자지원프로그램(EAP)의 합리적 도입운영모델 연구」. 한국EAP협회.

우종민. 최수찬(2008). 근로자지원프로그램(EAP)의 이론과 실제. 경남: 인제대학교 출판부 출판.

유덕현 외(2009). 진로상담전문가의 역량모형개발. 박사학위논문. 서울대학교 대학원.

유소희(2019). 기업 상담자들이 경험하는 어려움에 관한 질적 연구 : 기업상담 외부모형을 중심으로. 석사학위논문. 한양대학교 대학원.

유영권 외(2011). 대학상담센터 상담자의 역량과 자질연구. 대학생활연구. Vol. 17(1). pp. 1-17. 전국대학교 학생생활상담센터협의회.

유현실·김창대(2011). 진로상담전문가의 역량모형 개발을 위한 탐색적 연구. 아시아교육연구 Vol. 12(2), pp. 241-268.

유현실(2011). 기업상담자에게 요구되는 역할과 핵심역량. 기업상담학회동계학술 대회.

윤길자(2010). 노동복지넷을 통한 EAP 성과. 제3회 EAP심포지엄.

왕은자·김계현(2007). 근로자지원 프로그램(EAP) 및 기업상담 연구동향 분석: 효과 연구를 중심으로. 상담학연구. Vol. 8(4), pp.1411-1433.

왕은자·김계현(2009). 기업상담 효과에 대한 세 관련 주체(내담자, 관리자, 상담자)의 인식. 상담학연구, Vol. 10(4), pp. 2115-2135.

이상하(2013). 변화하는 기업환경과 상담자의 역할. 한국심리학회 학술대회 자료집. Vol. 2013(1), pp. 132-133.

이상훈·오헌석(2014). 전문성 발달에서 경험의 역할과 쟁점. 아시아교육연구 17권 3호. Vol. 17(3), pp. 461-489.

이승철 외3(2012).「근로노동자 정신건강」. 삼성경제연구소.

이영란(2019). 다문화상담자 역량모형 개발. 박사학위논문. 숙명여자대학교 대학원.

이종목(2008). 「직무 스트레스의 이해와 관리전략」. 전남대학교출판부.

이홍숙·주수현·김효정(2011). 인턴 상담원의 상담자 발달에서의 결정적 사건 경험. 한국심리학회지: 상담 및 심리치료. 23(4), 833-859.

전익성(2006). 기업의 창조경영 결정요인에 관한 연구. 석사학위논문. 서울시립대 대학원.

전종국. 왕은자. 심윤정 공역(2010). 기업상담. 서울: 학지사.

전향숙. 왕은자(2014)이직결정 철회에 기여한 이직 면담과정 요인:반도체 제조사업장 사례. 한국심리학회지: 산업및 조직: Vol. 27(4). pp. 805-830

조남정(2016). 상담전공 학부생의 핵심역량에 대한 탐색적 연구, Vol. 17(3), pp. 23-43.

조범상·전재권(2012). 「직장인 스스로가 본 심리 건강」. LG경제연구소.

조수연·양미진(2013). 청소년상담사의 역량모형 개발을 위한 델파이연구. 청소년상담연구. Vol. 21(2). pp. 59-75.

조재현·최한나(2017). 상담자 5요인 성격특성과 작업동맹과의 관계에서 상담자 발달 수준의 조절효과. 한국심리학회지: 상담 및 심리치료. Vol. 29(2). pp. 293-310.

조해연·이송하·이동혁(2013). 기업상담자 역할에 대한 인식 및 역할 기대. Vol. 14(4), pp. 2233-2251.

진명일·이영순(2018). 기업상담자들이 기업 내 상담실에서 경험하는 어려움과 적응과정. 질적 탐구 Vol. 4(4). pp. 101-135.

최수찬(2005). 한국 산업복지 전문 인력의 개발과 과제 : 직장인 지원 프로그램(EAP) 카운슬러의 역할과 전망. 한국 사회복지학 학술발표대회지. Vol. 2006(1). pp. 313-323.

최수찬(2005). 「국내 기업복지의 활성화 방안 : 근로노동자의 욕구에 근거한 기업복지 프로그램 개발」. 집문당.

최수찬·우종민·왕은자·장승혁(2017). 근로자지원프로그램 EAP. 경기: 군자출판사 출판.

한동우(1999). 기업복지 프로그램 개발을 위한 욕구측정방법에 관한 연구. 석사학위논문. 연세대학교.

한명숙(2004). 기업 내 상담자의 역할과 비전. 대학생활연구. 한양대학교 학생생활연구소. Vol. 22, pp. 90-102.

한영주·권경인·유성경·김창대(2012). 낮은 성과를 보인 상담과정에 대한 질적 연구. Vol. 13(1), pp. 71-97.

허재경·김지현(2009). 성찰 중심 수퍼비전을 통한 상담자 발달의 변화과정 탐색연구. Vol. 10(2). pp. 719-740.

황주연·정남운(2010). 상담자 자기성찰(Self-Reflection)에 대한 고찰. 한국심리학회지: 일반. Vol. 29(2), pp. 241-263.

홍성연(2009). 원격대학 우수학습자 역량모형 개발. 교육공학연구. Vol. 25(4), pp. 157-186.

<국외 문헌>

Boyatzis, R. (1982). The Competent manager: A model for effective performance. John Wiley & Son Publishing.

Brody, B(1988), "Employee assistance programs: An historic and literature review," American journal of Health Promotion, de Jong.

Carroll, M. (1996). Workplace counseling: a systematic approach to employee care. London: SAGE Publications.

Carroll, C. (1997). Building bridges: a study of employee counsellors in the private sector. In M. Carroll, & M. Walton (Eds), Handbook of counselling in organizations. London: SAGE Publications

Carroll, C. (1994). Building bridges: a study of employee counsellors in the private sector. Unpublished MSc dissertation. City University, London.

Carroll, M. (1996). Workplace counseling: a systematic approach to employee care. London: SAGE Publication

Carroll, C. (1997). Building bridges: a study of employee counsellors in the private sector. In M. Carroll, & M. Walton (Eds), Handbook of counseling in organizations. (pp. 222-239). London: SAGE Publications.

G. M., & Emmelkamp, P. M. G(2000). "Implementing stress management training: Camparative trainer effectiveness." Journal of Occupational Health Psychology,

Googins, B(1987), "Occupational social work: A developmental perspective, "Employee Assistance Quarterly.

Googins, B(1987), & Godfrey, J., Occupational social work. Englewood Cliffs, NJ: Prenice Hall.

Schuler, R.S(1984), Organizational Stress and Coping : A Model and Overview, p. 47

Hunter,(2002) James C., The Servant - a simple story about the true esse leadership, Crown Business.

Kurzman, P. A(1997), "Employee assistance programs: Toward a comprehensive service model", In P. A. Kurzman & S. H. Akabas (Eds.) Work and well-being.

McCellan, K(1985), "The changing nature of EAP practice." personnel Administrator, 30(8).

<기타자료>

고용노동부(2011), 「선진복지제도 업무 매뉴얼」
노동복지기본법제83조(근로노동자지원프로그램)
두산동아백과

저자 소개

이 영 섭

저자 이영섭은 인피니티컨설팅(주)의 대표이사로서 2004년부터 현재까지 메이저 호텔 멤버십 컨설팅과 회원 관리를 하고 있다. 더 나은 서비스를 제공하기 위해 호텔 멤버십 회원과 소통하며 고객의 성향과 욕구를 치밀하게 분석해 왔다.

사람들이 관광과 여행을 즐기는 과정에서 정서적 위안을 얻는 모습에 주목, 이러한 효과에 대한 사회과학적 분석과 전파를 위해 2021년 한국여행치료협회, 한국관광심리협회, 한국여행심리협회를 설립했다. 이러한 노력의 일환으로 같은 해, "여행치료의 이론과 실제", "힐링여행의 이론과 실제", "자존감여행"을 출간하여 여행을 통한 심리치료 방법의 기틀을 마련하였다.

아울러 여행심리상담사, 힐링지도사, 자존감 지도사 민간자격과정을 개설하여 여행치료 프로그램의 보급에 매진하고 있다.

(現) 인피니티컨설팅(주) 대표이사
(現) 한국여행치료협회 회장
(現) 한국관광심리협회 회장
(現) 한국여행심리협회 회장
경희대학교 관광학과 박사 수료
경희대학교 경영대학원 석사

이 도 경

저자 이도경은 한국여행치료협회의 홍보이사로서 온라인 마케팅과 대외협력 업무를 수행하고 있다. 아울러 현재 한무컨벤션(주) 그룹 비서실에 재직하며 관광업에서의 견문(見聞)을 넓히고 있다.

풍부한 실무 경험에 더해 학술적 분석 역량을 높이고자 경희대학교 경영대학원에서 석사학위를 취득하였고, 현재는 관광학과 박사과정에 진학하여 여행이 심리증상에 미치는 다양한 영향을 연구하고 있다. 연구 성과를 바탕으로 한국여행치료협회의 여행치료 심리상담사 자격과정 교육 프로그램 중 현장 심리상담 프로토콜 개발을 주도하고 있다. 저서로는 "힐링여행의 이론과 실제", "자존감여행"을 집필하였다.

(現) 한국여행치료협회 홍보이사(PR & Communication Director)
(現) 한무컨벤션(주) 그룹 비서실 비서
(現) 경희대학교 일반대학원 관광학과 박사과정
경희대학교 경영대학원 경영학 석사
한양여자대학교 항공서비스전공 호텔관광학 학사

근로자지원프로그램(EAP)의 도입과 적용

초판1쇄 인쇄 - 2021년 8월 30일

초판1쇄 발행 - 2021년 9월 1일

지은이 - 이영섭·이도경

펴낸이 - 허정문

펴낸곳 - ㈜한국스마트치료협회

인천광역시 서구 염곡로464번길15, 802호

전화 070-5168-2024 / 팩스 050-7534-5220

e-mail - wisdomlab.corp@gmail.com

등록번호 - 제 2020-000047호

ISBN 979-11-972871-3-8[93180]

값 20,000

wisdom Lab 은 ㈜한국스마트치료협회의 출판브랜드입니다.